JO HUBER

ÖSTERREICH

Faszination des Fußballs

JO HUBER

ÖSTERREICH

Faszination des Fußballs

Mit einem Vorwort von

Sportdirektor
KARL STOTZ

VERLAG KURT MOHL · WIEN

Umschlagentwurf: Atelier Hermann
Layout: Richard Röder

Bildnachweis: Anrather (1), AP (4), Basch (1), Baumann (1), Bissuti (10), Blum (1), Hausner (3), Hosch (1), HUBA (7), Institut für Zeitgeschichte (12), Keystone (1), KURIER-Archiv (2), Maier (1), Mayrhofer (1), Mazziotta (1), Percze (1), Rübelt (8), Simon (19), Sokol (3), Sturm (1), Sündhofer (38), UPI (11), Votava (62), VSW (1), Werek (15), Rest: Archiv

Gesamtherstellung: Welsermühl, Wels
ISBN 3-900272-12-3

Inhalt

Das ewig Neue an unserem Fußball

Die Faszination des Fußballs ist weltweit verankert. Von wo kommt diese Faszination? Da es ein Ballspiel ist und der Ball bekanntlich rund, schließt sich der Kreis dieses Sportes mit all seinen Facetten zu einer unendlichen Folge von Ereignissen. Gerade das ständig Neue, Lebende, nicht im voraus Berechenbare dieses Volkssportes zieht die Massen in seinen Bann.
Ich bin sicher, daß dieses Buch all jenen Freude bereitet, die diesen Sport lieben und eine ausführliche Information über Dezennien des österreichischen Fußballs erwarten.

Karl Stotz

Der Weg des Fußballs nach Österreich

Kreisky träumte von Schaffer

Der Fußball muß kugelförmig sein, der Umfang darf nicht mehr als 71 cm und nicht weniger als 68 cm betragen, der Ball bei Spielbeginn höchstens 453 g wiegen, mindestens aber 396 g. Auf Meereshöhe soll der Druck gleich einer Atmosphäre sein, das heißt 1 kg pro Quadratzentimeter. Gespielt wird auf einem Feld, dessen Länge zwischen 90 und 120 m, dessen Breite zwischen 45 und 90 m variieren darf. Ziel dieses Mannschaftsspieles ist es, den Ball ins gegnerische Tor zu bringen, wobei die Ausmaße des Tores 7,32 m breit und 2,44 m hoch sein müssen.
Fußball ist ein Spiel – und doch weit mehr.
Fußball ist ein Freund des Friedens – Fußballkriege sind nur im Frieden möglich.
Fußball ist ein Ventil zur Abführung aufgestauter Aggressionen – die eingeschlagenen Köpfe auf dem Spielfeld und rundherum sind die Bestätigung.
Fußball ist eine Wissenschaft – deshalb gefällt dem Publikum das phantasievolle Spiel besonders und trägt in der Regel den Erfolg über den einstudierten Fußball davon.
Fußball dient der Ablenkung von den Alltagssorgen, dient Politikern zur Popularisierung, Diktatoren zur vermeintlichen Humanisierung, dient dem Starkult wie dem Nachahmungstrieb, dem Selbstbewußtsein des einzelnen wie der Nation.
Und trotz alledem: Fußball ist ein Spiel. Und eine Notwendigkeit.
Der Fußball, unser Fußball, kommt von England; 1846 verfaßten Studenten der Universität Cambridge die ersten Fußball-Regeln. Das erste Länderspiel fand am 30. November 1872 statt, Schottland gegen England endete in Glasgow 0 : 0. Und die in alle Welt ausschwärmenden Engländer brachten ihr Fußballspiel auch nach Österreich:
Graz und Wien waren die Keimzellen. Das erste urkundlich belegte Fußballspiel in Österreich wurde am 18. März 1894 in Graz zwischen zwei Mannschaften des Akademisch-Technischen Radfahrvereines ausgetragen. In Wien erfolgte am 22. August 1894 im Gasthaus »Zur schönen Aussicht« auf der Hohen Warte die Gründung des First Vienna Football Club. Das erste Fußballspiel in Wien wurde am 15. November 1894 durchgeführt, der First Vienna Football Club unterlag dem um einen Tag

jüngeren Vienna Cricket and Football Club 0 : 4. Im Jahre 1900 konstituierte sich der Fußballverband Österreich-Ungarn, am 8. April 1901, ein Ostermontag, siegte Österreich gegen die Schweiz in Wien 4 : 0. Es war der erste Länderkampf auf dem Kontinent. Ein Ostermontag. Am Ostersonntag hatten zwei Wiener Mannschaften zwecks Selektion gegeneinander gespielt.

Schon in den Anfängen zeigte sich, daß Fußball nicht frei von politischen Aspekten sein muß. Besonders die Tschechen sahen in dem neuen Sport ein Mittel, um gegen die Habsburger und die von ihnen eingesetzten Behörden zu demonstrieren. Bereits für 1896 war die Gründung des Fußballverbandes Böhmen-Mähren geplant, 1904 wurde um Aufnahme in die FIFA angesucht. Dabei hatte sich der Weltfußballverband auch erst am 21. Mai des Jahres 1904 in Paris konstituiert. Wien erhob gegen die Aufnahme Böhmen-Mährens Einspruch, die Zulassung erfolgte mit Verspätung im Jahre 1911.

Der größte Spionagefall Österreich-Ungarns wurde durch den Fußball publik – aber das war Zufall. Die Geschichte erzählt der »rasende Reporter«, Egon Erwin Kisch:

»Am Sonntag, dem 25. Mai 1913, spielte in Prag der Deutsche Ballspielklub Sturm ein Fußballmatch gegen SK Union Holeschovice. Die Notiz des Prager Tagblattes lautete am nächsten Tag: ›DBC Sturm I gegen Union V (Holeschowitz) 5 : 7 (Halbzeit 3 : 3). Sturm war von Anfang an überlegen, was sich auch in der großen Zahl seiner Scores ausdrückt. Doch war seine Verteidigung durch das Fehlen Mareceks und Wagners derart geschwächt, daß Atja allein nicht imstande war, alle Durchbrüche Unions zu vereiteln.‹ Am meisten ärgerte sich der Obmann von Sturm über das unangesagte Fernbleiben Wagners, dem er knapp vorher eine Gefälligkeit erwiesen hatte, wie sie Obmänner den Koryphäen der ersten Mannschaft manchmal zu erweisen pflegen. Dafür hatte Wagner pünktliches Antreten versprochen – und schon am Sonntag blieb Wagner aus.«

Dann schilderte der verärgerte Obmann, es war Egon Erwin Kisch, der Reporter eines Prager Blattes und einer Berliner Zeitung, Wagners Entschuldigung:

»... ich mußte die Wohnung eines Offiziers aufbrechen und dann alle Schubfächer und alle Schränke ..., es war nämlich eine Kommission aus Wien da, die hat nach russischen Papieren gesucht. Und nach Fotografien von Plänen.« – So? Wem gehörte die Wohnung? »Ich glaube, einem General ...« Und der General war nicht da? »Nein, der ist gestern in Wien gestorben.«

Fußballobmann und Reporter Egon Erwin Kisch sagte seinem Verteidiger und Schlossergehilfen nicht mehr, »erzähl mir keine Geschichten«, sondern ließ sich alles nochmals und haargenau erzählen. Der General, der in Wien gestorben war, war Generalstabschef Redl, der russisch-serbisch-italienische Spion. Oberst Alfred Redl beging Selbstmord. Er hatte militärische Geheimnisse, so den Aufmarschplan Österreich-Ungarns,

an die Russen verkauft. Als er sich entdeckt und keinen Ausweg mehr sah, beging er Selbstmord. Egon Erwin Kisch brachte den Fall in die Öffentlichkeit. Weil er Fußballnarr war, hatte er durch Zufall davon erfahren, daß sein ausbleibender Verteidiger, der Schlosser Wagner, die Prager Wohnung des Oberst Redl aufbrechen mußte.
Von Prag zurück nach Wien, ein paar Notizen aus dem »Neuen Wiener Tagblatt«. In der Ausgabe vom 31. August 1918 heißt es in der Rubrik »Dummheiten und Weisheiten über den Sport«: »Fußball ist das Schachspiel mit 22 lebenden Figuren. Nur ein Unterschied: Statt daß einer matt wird, werden alle matt, Sieger und Besiegte.«
Dieselbe Ausgabe, »Vereinsnachrichten«: »Slovan, morgen früh treffen sich sämtliche Spieler der ersten und zweiten Mannschaft um 6 Uhr 30 Minuten bei der Dampfschiffstation Reichsbrücke zur gemeinsamen Abfahrt nach Preßburg. Gäste willkommen.«
Eine andere Meldung aus dieser Zeit: »Das ideale Spielfeld des Prager DFC Platzes wird jeder Wiener Mannschaft, die ihr Schuhwerk nicht entsprechend eingerichtet hat, durch die billardartige Ebenheit des dichten Grasbodens zum Verhängnis, da den Spielern jede Standfestigkeit verlorengeht. Auch die große Breite des Platzes ist den Wienern zumeist ungewohnt, so daß die Läufer fast immer dem Tempo zum Opfer fallen.«
Der »Sport-Papagei«, Untertitel: »Kritisch-satyrische Wochenschrift für Fußball«, verkündete sein Programm: »Wir bringen nur Fußball! Denn wir sind uns darüber im klaren, daß der Fußballer und Fußballanhänger alles, was nicht vom Fußball handelt, überschlägt. Wir wollen aber gelesen und nicht überschlagen werden. Wir wollen in erster Linie kritisch wirken ... und hoffen, allmählich auch jene Kreise zu gewinnen, die sich bis nun ferngehalten haben. Hiezu rechnen wir auch die akademische Jugend.« (Ausgabe 6. April 1923). Erstaunlicherweise waren in der Pionierzeit relativ viele Mittelschüler und Studenten bei den Engländern in die Lehre gegangen, später aber blieb die akademische Jugend dem Fußball eher fern.
Welche Anliegen hatte der Fußball? »Wiederkehr normaler Lebensverhältnisse. Bei dem heutigen Zustand unserer Ernährung und unserer Sportmaterialien ist es nicht möglich, erstklassige Leistungen zu vollbringen«, schrieb Hugo Meisl in einem offenen Brief an die Leser des »Neuen Wiener Sportblattes« am 1. Jänner 1919. Der als Hauptmann aus dem Ersten Weltkrieg heimgekehrte Hugo Meisl, der Ex-Fußballer, Schiedsrichter und Fußballfunktionär, hatte die Leitung des Fachblattes übernommen. Meisl forderte weiter Förderung des Schulsports und der sportlichen Jugenderziehung, Sportplätze, Bäder.
Der Ruf nach sportlicher Erziehung der Jugend, nach Schulsport, nach Sportplätzen und Bädern, man vernimmt ihn auch noch in unseren Tagen ...

Die Mannschaften der Urzeit sind First Vienna Football Club, die Cricke-

ter, der WAC, der »Erste Arbeiter-Fußball-Klub« (später Rapid), die Pioniere des neuen Spiels Engländer, dann kommen schon Wiener, Leuthe, Hussak, Studnicka, Fischer, Prager, Kuthan, Popovich ...
Die erste Meisterschaft wurde im Jahre 1911 gestartet, zwölf Klubs nahmen an der Konkurrenz teil, die der Fußballverband Niederösterreichs ausschrieb (Wien war auch die Hauptstadt Niederösterreichs).
Die Cricketer waren durch die Abwanderung ihrer Kampfmannschaft Punktelieferant, die Sezessionisten, die den Klub Amateure gründeten, Meisterschaftsfavorit, WAC, WAF, Vienna, der Sportklub erhielten ebenfalls Vorschußlorbeeren. Doch wer wurde im ersten Meisterschaftsjahr Meister? Rapid!
Als die Amateure Hertha 1 : 3 unterlagen, schrieb ein Chronist: »Sonntag waren sie wieder wie das Wetter im April. Launisch und unberechenbar. Fünf Minuten glänzend, fünfzehn unter dem Pisch. Da war es kein Wunder, daß der ruhig und brav spielende Gegner um den Ausgang des Wettspiels nicht besorgt zu sein brauchte. Er sicherte sich einen Vorsprung von zwei Treffern und gewann schließlich mit derselben Differenz sicher.« Das war im Frühjahr 1912. Und ist es nicht erstaunlich und faszinierend zugleich, daß die Violetten ihrem Stil treu geblieben sind?
Hugo Meisl sprach in seinem Aufruf von einer Wiederkehr normaler Verhältnisse. Verhältnisse jedoch wie sie vor dem Ersten Weltkrieg herrschten, kehrten nie zurück. Die Zeit raste weiter, Lebens- und Profitgier, verarmter Adel, protzendes Neureichtum, Leutnants wurden zu Gigolos, Geld und Moral zeigten inflationäre Tendenz, diese Szenerie bildete den Hintergrund zu dem noch jungen Fußballsport, den Meisl und seine Mitstreiter zu profilieren versuchten.
Anfang der zwanziger Jahre gab es in Wien zwei Mannschaften, die ein Monatsbudget von je 70 Mill. Kronen hatten, Amateure und Hakoah. »Spezi« Schaffer, der Mittelstürmer der Amateure, kassierte monatlich zehn Millionen Kronen. Auch Hakoah hatte einen Spieler, der um keinen Heller billiger war, auch er ein Ungar, Bela Guttmann sein Name. Schaffer war Fußballprofi, Guttmann Fußballprofi und Tanzlehrer.
Niemand anderer als Bruno Kreisky schrieb einmal in einem Vorwort: »Ich kann heute noch, wenn ich mich richtig konzentriere, verschiedene Mannschaften der Amateure zusammenstellen. Vom rothaarigen Jokl bis zum baumlangen Teddy Lohrmann, der auch der Schwimmsektion der Austria angehörte. Vom Verteidiger Popovic, der unüberwindbar schien, bis zum genialen Ungarn Schaffer. Ich weiß, viele halten Sindelar für den Inbegriff des klassischen Fußballers. Sie haben sicher recht. Für mich aber war Schaffer ein Vorbild. Wie er den Ball bei sich behielt, so lange, bis irgendeiner gut plaziert war und er ihn dann abgab, damit der andere erfolgreich sein konnte. Da habe ich viel Lebensweisheit mitbekommen. Man muß es gar nicht immer selbst sein, man sollte so gut sein, daß man den Erfolg eines anderen vorbereitet. Und dann kam die Stunde der Wahrheit: Die Schmähamateure begannen sich ihres Namens zu

schämen und sie wurden zur Austria.« Damit erzählte Bruno Kreisky zugleich ein Stück Fußballgeschichte.
Außer Schaffer und Bela Guttmann waren noch Jenö und Kalman Konrad nach Wien gekommen, sie zogen die ehemalige Hauptstadt der Donaumonarchie der Bela Kun-Diktatur in Ungarn vor. Außer den genannten kamen noch etliche andere ungarische Stars nach Wien, so etwa Imre Schlosser, der Rekordtorschütze der Magyaren, der populärste Spieler der ersten Jahrzehnte in Ungarn.
Legionäre – das war die ungarische Komponente zum österreichischen Fußball. Ihre Linie entsprach der Verbundenheit von Budapest mit Wien, obwohl die Abwanderung der ungarischen Stars nach Österreich verständlicherweise großen Ärger bei den Magyaren auslöste, sie sogar den Weltfußballverband einschalteten.
Tschechisches Blut – das war die zweite Komponente, die aber erst ein wenig später zum Tragen kam. Von den Schaffer, Schlosser, Konrad, Guttmann lernten die Wiener Fußballkunst. Söhne tschechischer Einwanderer gingen zum Fußball. Auch die Eltern von Hugo Meisl kamen aus Mähren, Sindelars Vorfahren stammten aus Böhmen. Das Resultat der wienerisch-slawischen Mischung sollten Weltklassefußballer sein.
In jenen Jahren war oft von der Vereinstreue die Rede. Vereinspräsidenten und Obmänner waren jene ehrenwerten Herren, die vor einigen Jahren die Torstangen auf einer Wiese in die Erde gerammt hatten, damit ein Match stattfinden konnte.
Die Spieler aber, die bereits einen Namen in der Fußballwelt hatten, versuchten in der Nachkriegszeit wenigstens ihren Hunger zu stillen, fuhren übers Wochenende nach Aussig oder in andere nahrhafte böhmische Städtchen, um einem Klub schnell ihre Dienste anzubieten.
Die kleinen Geschenke, die die Freundschaft erhalten, waren schon damals bekannt. Der Rapidler »Guggi« Wieser beispielsweise bekam in Würzburg ein Zigarrengeschäft – und spielte als Amateur für den dortigen Klub. Dann ging Wieser nach Wien zurück – zu den Amateuren. In Ungarn, in der Tschechoslowakei, in Deutschland und in Österreich – alle guten Spieler waren in der Regel nur dem Schein nach Amateure, Hugo Meisl aber, der von der Vereinsführung der Amateure in den Verband gewechselt war, arbeitete in Österreich die Statuten für das Berufsspielertum aus. Das arme Österreich machte Schluß mit dem Schein-Amateurismus, während die Deutschen weiterhin den Kopf in den Sand steckten, die Ungarn und Tschechen später den Berufsfußball einführten.
Das Ansehen des Fußballers aber stieg trotz des Professionalismus nicht, es wurde erst in den dreißiger Jahren aufgewertet. Eigenartig, keinem Klavierspieler in einem Stummfilmkino wurde je vorgeworfen, Geld zu nehmen, geschweige denn einem Konzertpianisten. Einem Fußballer aber kreidete die Gesellschaft sehr wohl an, daß er sich für sein Hobby oder seine Leidenschaft bezahlen lasse. Fußball war eben noch nicht die

schönste Nebensache der Welt, war an sich noch immer ein roher Sport. Die Fußballer allerdings trugen auch nicht gerade zur Hebung ihres Standes bei, der schon genannte »Spezi« Schaffer beispielsweise wechselte die Farben seines Dresses beinahe so schnell wie seine Hemden. Gegen Ende seiner Wiener Karriere war er oft ein Vexierbild, wenn ihn sein Verein suchte.

Diese Nicht-mehr-Amateure nahmen wohl Bezahlung fürs Spiel entgegen, die Mentalität eines Profis aber hatten sie noch nicht.

Die erste Profimeisterschaft trägt die Jahreszahl 1924/25. Die I. Klasse der Vereine mit Berufsspielern setzte sich aus folgenden Klubs zusammen: Die Amateure, Vienna, Sportklub, Rapid, Hakoah, Rudolfshügel, Simmering, Slovan, Wacker, WAC, Admira. Der Titelgewinn von Hakoah war eine Überraschung, wenngleich keine Sensation.

Friedrich Torberg war Hakoah-Anhänger. Er schrieb einmal in einer »Austria-Broschüre« über das Verhältnis zwischen Hakoah und Austria: ». . . daß es keine größere Rivalität, keine feindseligere Gegensätzlichkeit gab als die zwischen Hakoah und Austria (schon als sie noch auf den Namen Amateure hörte). Es gab unter den Wiener Vereinsfarben keine zwei, die sich so heftig miteinander geschlagen hätten wie Blau und Violett.«

Friedrich Torberg über die Spielstärke seiner Hakoah: »Aber schon damals, als Hakoah zum ersten- und letztenmal österreichischer Meister wurde, war mir insgeheim klar, daß die Austria den besseren Fußball spielte, daß sie das Idealbild dessen darstellte, was in der Fußballwelt als ›Wiener Schule‹ bekannt und berühmt war.«

Das »Sport-Echo« damals über Hakoah: »Spielt Hakoah schönen Fußball? Diese Frage wird wohl verneint werden müssen. Denn Hakoah spielt, ob bewußt oder unbewußt – das soll nicht weiter untersucht werden – hart. Wohl ein Anhängsel, das sie aus der zweiten Klasse, in der durchaus hart gekämpft wird, mitgebracht hat. Eine Mannschaft aber, die konstant hart spielt, kommt nur zu leicht in den Ruf, derb zu spielen. Zumal der Unterschied zwischen hartem und derbem Spiel eigentlich kein allzugroßer ist. Hart aber spielt für gewöhnlich nur eine Mannschaft, der es an technischen Fähigkeiten mangelt. Aber der Hakoah mangelt es auch nicht an diesen. Nehmen wir die Hakoah-Spieler der Reihe nach her. Sie sind durchwegs gute Techniker, Guttmann und Grünwald sogar Matadore an technischem Können. Warum also das harte Spiel? Bei Beantwortung dieser Frage stoßen wir auf die Tatsache: Kampfmannschaft. In Kämpfen gibt es wenig Rücksicht, nur selten Noblesse. . . . Wenn auch nicht übersehen werden darf, daß Hakoah einen Großteil ihrer Spieler auf ungesunde Weise zu ›erwerben‹ pflegt. Viele sind importiert.«

Nach dem Meisterschaftssieg aber wurde exportiert. Hakoah unternahm eine Reise in die USA, gleich die halbe Mannschaft blieb in den Vereinigten Staaten. Auch Bela Guttmann. Viele Wiener folgten, die wenigsten blieben bei dem ersten Versuch, den Fußball in den Vereinigten Staaten

zu etablieren, lange drüben. Hakoah spielte in der Meisterschaft 1925/26 mit einer stärkeren Reserve und kam über einen siebenten Platz nicht hinaus. Den Titel gewannen zum zweitenmal seit Bestehen des Klubs die Amateure.
Die Amateurespieler waren Spitzenverdiener, der Professionalismus war in Österreich eingeführt, weshalb am 28. November 1926 der Name auf Austria abgeändert wurde. Austria war die Wasserballsektion des Wiener Amateur-Sportvereins gewesen. Nun hieß der ganze Klub Austria.
Die Verhältnisse waren zwar noch immer nicht normal, doch das wurden sie in der ganzen Zwischenkriegszeit nicht: Inflation, Arbeitslosigkeit, Parteienhader, Bürgerkrieg bildeten die Kulisse zum Spiel auf dem Rasen, bei dem Österreicher langsam zur Eroberung der Fußballwelt ansetzten.
Wer den Ausgangspunkt des Kampfspiels Fußball in Österreich mit 1911 nimmt – das Jahr der ersten Meisterschaft –, wird feststellen, daß bereits ein Jahrzehnt später beachtliches Niveau erreicht war. Und zwei Jahrzehnte später hatten die Österreicher die Konkurrenz des Kontinents hinter sich gelassen, lieferten dem Lehrmeister einen Kampf, der die Fußballwelt begeisterte: 3 : 4 am 7. Dezember 1932 in London gegen England. Und die Österreicher hatten einen eigenen Weg beschritten, das Produkt ihrer Bemühungen war das Wunderteam.

Den Starkult gab's schon immer

Von Uridil bis Hanappi

Was ist ein Star? Wenn Väter ihren Söhnen und später ihren Enkeln, und die Söhne ihren Söhnen von den unvergleichlichen Künsten des Pepi Uridil erzählen, dann, ja dann ist die Rede von einem Star. Wer über viele Jahrzehnte unvergessen bleibt, wessen Ruhmestaten den Abschied vom Rasen über Jahre hinaus überdauern, wer in der Ahnengalerie hängt, der ist ein Star. Ein Großer des Fußballs, wie Pepi Uridil.
Josef Uridil, geboren am Heiligen Abend des Jahres 1895, war der populärste Fußballer der zwanziger Jahre in Österreich. In einer Festschrift Rapids heißt es über Uridil: »Die größte Volkstümlichkeit unter allen Wiener Fußballern genoß wohl Rapids Goalgetter Josef Uridil. Seine athletische, massive Gestalt, sein unbändiger Zug zum Tor, seine Energie und Wucht machten ihn bald zum Publikumsliebling. Er war keineswegs ein eleganter Spieler, ja er wirkte eher schwerfällig und plump, aber dennoch verstand er zu schießen. Wenn er einmal im Strafraum den Ball erhielt, so roch es schon nach Tor, denn er war vom Leder nicht mehr zu trennen. Tank wurde er genannt, und es hatte auch immer etwas Bezwingendes, wenn er sich trotz stärkster Behinderung mit unbeugsamem Willen zum Tor vorkämpfte ...«
Wie beliebt er war, geht daraus hervor, daß Hermann Leopoldi und Robert Katscher ein Lied auf Uridil schrieben:

> »Heut spielt der
> Uridil, Uridil, Uridil,
> man kann sagen was man will,
> so wundervoll trifft keiner mehr ins Goal!
> Jawoll!«

Hermann Leopoldi sang es in den zwanziger Jahren und noch nach dem Zweiten Weltkrieg.
In der Saison 1920/21, nach einem Jahrzehnt Meisterschaft, gewann Rapid zum zehntenmal den Titel, wurde Uridil mit 35 Toren in 24 Matches Schützenkönig.
Ein zeitgenössischer Kritiker, der wohl nicht Uridils Freund war, über Uridil: »Der Ungar ›Spezi‹ Schaffer hat gezeigt, daß man auch als Professional fair sein kann, daß man kein roher, gewalttätiger Erfolgsjäger sein muß, er hat den Uridils und Brandstetters, den Hierländers und Hofbau-

Diese österreichische Mannschaft schlug bei ihrem ersten Antreten bei der WM in Buenos Aires Spanien mit 2:1. Von links: Jara, Schachner, Obermayer, Hickersberger, Kreuz, Krankl, Prohaska, Breitenberger, Pezzey, Koncilia, Sara.

Der Bann ist gebrochen, Walter Schachner schießt in der 10. Minute das 1:0 für Österreich. Spaniens Tormann Miguel Angel blickt entsetzt, auch die Nummer 11, Cardenosa, kann den Treffer nicht mehr verhindern.

Zweites Spiel, zweiter Sieg: Der holländische Referee Corver verhängte in der 42. Minute Elfmeter gegen Schweden. Hans Krankl ließ Supertormann Ronnie Hellström keine Chance. Österreich gewann mit 1:0.

Luftkampf zwischen dem deutschen Vorstopper Rüßmann und dem Österreicher Pezzey. Rechts Libero Obermayer. Unsere Mannschaft siegte im WM-Abschiedsspiel mit 3:2. Ein würdiger Abschluß der sensationell auftrumpfenden Österreicher.

Noch ehe das dritte Gruppenspiel angepfiffen war, stand Österreichs Aufstieg fest, Brasilien aber mußte noch bangen. Dirceu wird gegen Prohaska »handgreiflich«, die Brasilianer siegten in Mar del Plata mit 1:0 (1:0).

ers, an deren Rasanz sich der Wiener Spießer begeistert, bewiesen, daß der Fußballsport mehr Spiel als Kampf ist, ein langsamer Schritt Schaffers oft mehr wert ist als ein halbes Dutzend Sturmläufe unserer ›Immerfestedruffs‹.«
Schaffer war ein großer Fußballer, einer der Spielkultur den Österreichern und Deutschen brachte, doch Uridil mit ihm zu vergleichen, geht an den Dingen vorbei. Wer die Berichte liest, erfährt, daß der Rapid-Goalgetter der Vertreter jenes Stürmertyps war, wie er fast ein Jahrhundert auf der Britischen Insel gepriesen wurde: Der Vollstrecker! Der Exekutor! Uridils Taten überdauerten, weil sie in ihrer Explosivität so einmalig waren.
Der Rapidler, der es infolge des Ersten Weltkriegs nur zu acht Berufungen in die Nationalmannschaft brachte, wurde nach Beendigung seiner Karriere Trainer, arbeitete 1928 in Preßburg, später in Holland, Rumänien, nach dem Zweiten Weltkrieg in der Deutschen Bundesrepublik.
Nach Uridil wurden Sportartikel, Wäschestücke, Schnäpse benannt, seine Verehrer standen Schlange um ein Autogramm. Der Kult um den Star ist eben keine Unart unserer Tage, es gab ihn selbst in Österreich schon vor einem halben Jahrhundert. Auch hier ist Ben Akiba zu zitieren: »Alles schon einmal dagewesen.«
In den fünfziger Jahren kehrte Uridil wieder an die Stätte seiner Triumphe zurück, trainierte Rapid. Am 20. Mai 1962 starb er, sein Name aber lebt weiter.

Marie Sindelar wohnte mit vier Kindern, darunter war ein Bub namens Matthias, in der Wiener Quellenstraße Nr. 75. Der Ehemann, Vater und Ernährer, war 1917 an der Isonzo-Front gefallen. Matthias jagte auf der Steinmetzwiese dem Fetzenlaberl nach; von dort war der Weg zu Hertha nicht weit. Mit 19 spielte er erstmals in der Kampfmannschaft Herthas, mit 22 debütierte er in der Nationalmannschaft (1926 gegen die Tschechoslowakei in Prag 2 : 1), und schoß ein Tor. 1924 übersiedelte Sindelar von Hertha zu den Amateuren, den Vorgängern der Wiener Austria. Sodann schrieb Willy Schmieger, zuerst Internationaler beim Wiener Sportklub, später populärster Reporter der Zwischenkriegszeit, über Sindelar: »Die Lücken in der Kampfmannschaft (der Amateure) wurden mehr schlecht als recht durch den Hertha-Mann Sindelar . . . ausgefüllt.« Lückenbüßer Sindelar? Wie man sieht, können auch Nationalteamspieler irren.
Sindelar war 1,75 m groß, wog 70 kg; später, als 1936 Austria zum zweitenmal den Mitropacup gewann, brachte er sogar 74 kg auf die Waage. Im Volksmund hieß er treffend »Papierener«, seine Kameraden riefen ihn »Motzl«. Das Blondhaar war schütter, der Stirnansatz wurde immer hö-

her; er war ein begeisterter Schwimmer, ein Tennisspieler mit viel Gefühl, doch mit wenig Zeit, und natürlich ein fanatischer Fußballer. Ein Energiebündel aus Sehnen, Muskeln und »viel Hirn«, Österreichs größtes Fußballgenie.

Ein paar Sindelar-Einlagen: Bei einer Nordlandtournee wurden die Spieler auch dem schwedischen König vorgestellt. Gustav V. war ein großer Sportsmann, ein fanatischer Tennisspieler, bekannt als »Mister G«. Der Schwedenkönig fragte Sindelar, wie ihm Schweden gefalle. Sindi stotterte etwas herum ... Nachher, von den Kameraden stürmisch akklamiert, daß sich der Schwedenkönig mit ihm unterhalten habe, antwortete Sindelar, er freue sich ja auch darüber, aber daß »man da gleich eine Rede halten muß ...«

1931 galt Austria im Meisterschaftsspiel auf der Hohen Warte gegen Rapid als Favorit. Doch nicht Sindelar spielte auf, sondern ein anderer aus dem »zehnten Hieb«, Pepi Bican. Dieses damals hochaufgeschossene Bürscherl schoß vier Tore. Als Sindelar und Rapid-Verteidiger Wiltschl aneinandergerieten, sprang der zweite Rapid-Verteidiger Luef seinem Kameraden bei: Worauf Sindelar die Hand »ausrutschte«. Was zweierlei zur Folge hatte: Luef ging k. o., Sindelar wurde ausgeschlossen. Rapid siegte 5 : 2. Woran man sieht: Schauspieler gab's auch schon früher. Und noch etwas: Eine Woche nach Sindelars Platzverweis kam es auf der Hohen Warte zu einem Großereignis: Österreich schlug Schottland 5 : 0. Das war die Geburt des Wunderteams. Eine Schicksalsfrage: Was wäre wohl geworden, hätte Hugo Meisl moralische Maßstäbe angelegt und »Sindi« nicht gegen Schottland berufen?

Wenn die Tschechen gegen Österreich verloren, sagten sie immer: »Unser Sindelar, unser Vytlacil, unser Bican hat uns das Match verloren.« Sindelar war am 10. Februar 1903 in Kozlau bei Iglau geboren. Seine Eltern – sein Vater war Maurer – suchten wie so viele ihr Glück in der Hauptstadt der Monarchie. Die Tschechen wollten Sindelar nach Prag holen, Slavia Prag verhandelte mit »Sindi«, boten ein Riesengehalt und erklärten sich sogar bereit, den Mittelstürmer für die österreichische Nationalmannschaft freizustellen. Sindelar erbat sich Bedenkzeit und lehnte ab. Er blieb seiner Austria treu.

Erstmals wurde Austria im Jahre 1933 Mitropacupsieger. Im Finale gab es in Mailand gegen Ambrosiana (so hieß Inter in der Mussolini-Ära) eine 1 : 2-Niederlage. Im Retourspiel erzielte Teufelskerl Meazza in der 85. Minute ein Tor, es stand nur noch 2 : 1 für Austria, die Italiener freuten sich, ein drittes Spiel auf neutralem Platz gerettet zu haben. Doch behielt Sindelar die Nerven, als der Ball gegen das italienische Tor, oder möglichst weit weg vom Tor geschossen, auf alle Fälle planlos herumgedroschen wurde. Da eroberte »Sindi« das Leder, ließ einen Verteidiger aussteigen, noch einen und schob gelassen den Ball an Keeper Ceresoli vorbei ins Tor. 3 : 1 und Mitropacupsieg! Die Geschichte der Mitropacuperfolge Austrias ist die Geschichte des Matthias Sindelar.

Am 3. April 1938 fand im Wiener Prater das sogenannte »Anschlußspiel« Österreich gegen Deutschland, es hieß damals Ostmark gegen Altreich, statt. Österreich gewann durch Tore von Sindelar und Sesta 2 : 0. Das Match wird heute nicht mehr als offizieller Länderkampf geführt. Für Sepp Herberger, damals schon Teamtrainer, sein Titel lautete Reichstrainer, war dieses Ergebnis ein alarmierendes und unbequemes Zeichen. Er mußte eine Mannschaft für die WM 1938 in Frankreich zusammenstellen und konnte nicht gut die Österreicher übergehen. Vor allem wollte er Matthias Sindelar gewinnen. Doch »Sindi« lehnte ab. Er sei doch mit seinen 35 Jahren schon zu alt, ließ er dem Herrn Reichstrainer ausrichten. Herberger blieb zeitlebens der Ansicht, es seien politische Gründe gewesen, die Sindelar zur Absage bewogen haben.
Wie wird er heute seine Rolle als Mittelstürmer anlegen? So fragten die Feinschmecker vor einem Sindelar-Spiel. Denn der »Papierene« war mehr als ein Fußballer, er war Künstler. Am Stefanitag des Jahres 1938 spielte er das letztemal in seinem Leben. In Berlin gegen Hertha BSC (2 : 2). Bei der Favoritner Hertha hatte er begonnen, gegen die Berliner Hertha sollte er Abschied nehmen.
Am 23. Jänner 1939 schied er aus dem Leben. Tod durch Kohlenoxyd, hieß es im Polizeibericht. In den Kriegswirren gingen die Polizeiakte verloren. Der Abzug des Ofens sei verstopft gewesen, heißt es, das giftige Gas konnte nicht entweichen. Sindelars Freundin starb ein paar Stunden später. »Gott Amor hat Regie geführt, Sindelar den Schierlingsbecher geleert, den ihm seine Freundin gereicht hat«, schrieb später Robert »Nazl« Brum. Doch kein Unfall? Gerüchte um den mysteriösen Tod gab es viele.
Friedrich Torberg in einem Gedicht mit dem Titel »Auf den Tod eines Fußballspielers«:

Er war ein Kind aus Favoriten
und hieß Matthias Sindelar.
Er stand auf grünem Plan inmitten,
weil er ein Mittelstürmer war.

Er spielte Fußball, und er wußte
vom Leben außerdem nicht viel.
Er lebte, weil er leben mußte,
vom Fußballspiel fürs Fußballspiel.

Er spielte Fußball wie kein zweiter,
er stak voll Witz und Phantasie.
Er spielte lässig, leicht und heiter,
Er spielte stets, er kämpfte nie.

Er warf den blonden Schopf zur Seite,
ließ seinen Herrgott gütig sein,
er stürmte durch die grüne Weite
und manchmal bis ins Tor hinein.

Es jubelte die Hohe Warte,
der Prater und das Stadion,
wenn er den Gegner lächelnd narrte
und zog ihm flinken Laufs davon –

bis eines Tags ein andrer Gegner
ihm jählings in die Quere trat,
ein fremd und furchtbar überlegner,
vor dem's nicht Regel gab noch Rat.

Von einem einzigen harten Tritte
fand sich der Spieler Sindelar
verstoßen aus des Planes Mitte,
weil das die neue Ordnung war.

Ein Weilchen stand er noch daneben,
bevor er abging und nach Haus.
Im Fußballspiel, ganz wie im Leben,
war's mit der Wiener Schule aus.

Er war gewohnt, zu kombinieren,
und kombinierte manchen Tag.
Sein Überblick ließ ihn erspüren,
daß seine Chance im Gashahn lag.

Das Tor, durch das er dann geschritten,
lag stumm und dunkel ganz und gar.
Er war ein Kind aus Favoriten
und hieß Matthias Sindelar.

56mal hat Matthias Sindelar in der österreichischen Nationalmannschaft gespielt. Die Fußballwelt trauerte um das größte Genie, das der österreichische Fußball je hervorgebracht hat. Sindelar wurde in einem Ehrengrab der Gemeinde Wien auf dem Zentralfriedhof beigesetzt.

3 : 2 für Schalke im Berliner Olympiastadion: Rapid erhält den zweiten Elfmeter in diesem Match zugesprochen, Bimbo Binder hat bereits einen verschossen, nun tritt er wieder an – Schuß Tor! Es steht 3 : 3 an diesem 22. Juni 1941. Der Tag des Kriegsbeginns gegen die Sowjetunion ist auch der Tag des Endspiels um die deutsche Meisterschaft im Berliner Olympiastadion. Schier Unfaßbares ist aus Fußballerwarte geschehen. Schalke führte 3 : 0 und schien einem neuerlichen Bombensieg wie im Jahre 1939 (9 : 0 gegen Admira) entgegenzusteuern. Bei 2 : 0 waren die Seiten gewechselt worden, die Gelsenkirchner hatten durch Hinz auf 3 : 0 erhöht.

Dann war Rapid gekommen, 1 : 3 durch Schors, ein Binder-Freistoß 2 : 3 und dann Elfer, als Gellesch den Wiener Schors gelegt hatte. Kapitän Franz Binder hatte in der 64. Minute das 3 : 3 geschossen, in der 71. Minute knallte er einen Freistoß über die von den ängstlichen Schalkern gebildete Mauer zum 4 : 3 ein. Wieder hat Schalke-Tormann Klodt gegen dieses Geschoß keine Abwehrmöglichkeit. Er reagierte erst, als der Ball im Tor lag.

Krieg. Krieg nun auch gegen die Sowjetunion – und 100 000 zitterten und bangten in einem Fußballstadion, und Millionen zitterten und bangten vor dem Radiogerät, ob Rapid oder Schalke den Ball öfter ins Tor des Gegners bringen werde. Ist das überhaupt zu fassen? Auch das war einkalkuliert: Ablenkung vom jämmerlichen Dasein, Flucht in eine andere Welt. Der Fußball hatte wie der Film eine unerhört wichtige Funktion zu erfüllen. Fußball wurde auch fast bis zum Ende des Mordens gespielt.

Rapid war deutscher Meister 1941. Dank der Schußkraft dieses »Bimbo« Binder. Dabei sah es lange nicht danach aus, als würde Binder der Durchbruch gelingen. Am 1. Dezember 1911 war er in St. Pölten geboren, 1930 von Dionys Schönecker zu Rapid geholt worden. Doch der 20jährige konnte sich bei den Hütteldorfern nicht richtig in Szene setzen. Der »Lange« wirkte hölzern, keine Anzeichen dafür, daß er einmal werden soll, was Jahre vorher Uridil war: Ein Goalgetter mit sagenhafter Schußkraft.

Nach einem Jahr Reservedasein wird Binder wieder nach St. Pölten geschickt. Doch nun sind die Konkurrenten Rapids da und wollen Binder verpflichten – daraufhin landete er wieder in Hütteldorf.

Am 11. Juni 1933 feierte Binder sein Teamdebüt mit zwei Toren gegen Belgien. Großartig, ist auch der Durchbruch im Team gelungen? Keine Rede davon bei dem Herrn Hugo. Meisl hat die Wahl, Nummer 1 ist Sindelar als Mittelstürmer, dann Bican (Mittelstürmer bei Rapid), dann Stoiber, dann ... Und als Linksverbinder gibt's einen gewissen Schall Toni, oder den Horvath Hansl. Auch in der Nachwunderteamzeit herrscht kein Mangel an guten und sehr guten Fußballern. Und so ist Franz Binder bei der WM 1934 gar nicht dabei, obwohl er am 11. Februar 1934 beim Freundschaftsländerspiel gegen Italien in Turin, dem 4 : 2 für Österreich, eine

gelungene Partie geboten und ein Tor geschossen hat. Das Innentrio stellte damals Rapid mit Kaburek-Bican-Binder.
Lange bevor Pele für sein tausendstes Tor weltweite Ehren erfuhr, war Binder in Meisterschaftsspielen auf die magische Zahl 1000 gekommen. »Bimbo« erzielte in Punktespielen allein 1006 Volltreffer. Insgesamt werden es wohl 1300 Tore gewesen sein, die Binder im Laufe seiner zwanzigjährigen Karriere bombte. Er spielte insgesamt zwanzigmal im österreichischen Team. War er vor dem Krieg »nur« torträchtiger Stürmer gewesen, so glänzte er später auch durch Spielverständnis und Kopfballspiel. Das 4:3 über Schalke ist nur ein Beispiel, daß er in auswegloser Situation noch die Entscheidung für Rapid brachte – und es gibt Dutzende. Der lange Rapidler schoß nicht nur unerhört scharf, sondern verstand auch ganz genau zu zielen. Bei »Bimbo« war nicht nur das Winkelverhältnis seiner Tret- und Schießwerkzeuge ideal, auch als Richtkanonier galt er für unübertroffen.
Franz Binder wurde nicht weniger als sechsmal Schützenkönig, ein Rekord von Ewigkeitswert. Ein anderer Rapidler wurde dreimal Schützenkönig – Robert Dienst. Wobei Dienst mit 37 Toren alle anderen Goalgetter übertraf. Bis wieder ein Rapidler kam: 1978 bombte Krankl 41 Tore. Landesrekord! Uridil-Binder-Dienst-Krankl ...
Immer diese Rapid-Kanoniere. An ihnen ist schon was Besonderes. Der vorderhand letzte in dieser Kette, der Krankl Hansi, zog 1978 gar den Goldenen Schuh an, war mit seinen 41 Treffern in der Meisterschaft 1977/78 bester Torschütze Europas.

1936 nimmt der Onkel den kleinen Ernstl mit ins Stadion, zu Admira gegen Austria. Der weiße Dreß muß es gewesen sein, der den Zehnjährigen fasziniert hat. Oder war es das zielstrebige, moderne Spiel der Admiraner? Jedenfalls ist ab diesem Tag der Stadlauer Ernst Ocwirk Admira-Anhänger. Und er bleibt es auch, als er beim FAC spielt. 1946, Ocwirk war schon in der Wiener Auswahl, ist ein Transfer geplant: Er soll zu Rapid. Doch der FAC gibt seinen Mittelläufer nicht frei. Ein Jahr später wird der Transfer perfekt, Ocwirk landet bei der Austria.
Das Ziel, das sich der am 7. März 1926 geborene Ocwirk setzte, lautete so: »Als ich die Möglichkeit bekam, ein großer Fußballer zu werden, schwor ich, alles zu tun, um die Chance zu nützen. Denn ich wollte eines: Heraus aus der Fabrik, berühmt werden!« Ossi schaffte es, wurde einer der größten österreichischen Fußballer aller Zeiten. Er konnte aus seiner Klasse ausbrechen, weil er sein Talent voll ausschöpfte. »Hätten wir nicht nur schön, sondern auch hart gespielt und gekämpft, wir hätten noch viel mehr erreichen können«, meinte Ossi später über die große Austria.

Im Herbst 1949, Austria war Titelverteidiger, trafen die Violetten auf Rapid, die Hütteldorfer zogen 4 : 1 davon. Stojaspal und Co. holten Tor um Tor auf. Das Match wurde hart und härter. Ein Tumult, Geschiebe, Raufereien, Ernst Ocwirk attackiert mit der Faust Dienst, der Rapidler geht zu Boden. Der Schiedsrichter hat in dem Tumult das Vergehen nicht bemerkt, Ocwirk erhält dann vor dem Fußballgericht vier Spiele bedingt.
Ernst Ocwirk wurde kein einziges Mal in seiner zwanzigjährigen Karriere ausgeschlossen. Warum diese Entgleisung hier erzählt wird? Um zu zeigen, daß auch Fußballgott Ocwirk ein Fußballer mit Herz und Emotionen war wie viele andere. Doch fiel er nur ein einziges Mal aus seiner Rolle. Selbstverständlich hätte auch er manchmal den Gegner am liebsten ermordet, hatte auch er einen schwachen Tag, quälte auch er sich und hörte böse Pfiffe. Aber ein Ocwirk ordnete sich dem Pfiff des Schiedsrichters unter, akzeptierte die Regeln, ohne die kein Wettkampf möglich ist.
Im Himmel aber thronte Ocwirk (und Mitspieler und die Fans schwebten mit) nach dem 1 : 0-Sieg in London am 7. Mai 1951 gegen eine der besten Mannschaften Europas, gegen Tottenham Hotspurs. Die Spurs waren seit einem Jahr ungeschlagen, Ocwirk, wieder Fußballgott, schoß in der 12. Minute ein Traumtor, das Goldtor.
Im Sommer 1951 waren die Austrianer erstmals in Südamerika, Nacional Montevideo hieß der Gegner im riesigen Maracana-Stadion von Rio de Janeiro. Eine mit Weltmeistern gespickte Mannschaft, hatte doch Uruguay ein Jahr voher in Rio den WM-Titel geholt. An sich ein Grund für die Zuschauer, Austria zu unterstützen, doch was wird schon von diesen Europäern zu erwarten sein? Caramba, die Violetten zaubern, scheiberln den Weltmeister mit 4 : 0 nieder. Die brasilianische Presse nannte Austrias Spiel Kaiserwalzer und Ocwirk den Dirigenten der Walzermusikanten.
Das schönste Tor schoß »Johann Strauss« alias Ernst Ocwirk 1954 in der Schweiz gegen Uruguay, als er mit Flachschuß den Tormannriesen Maspoli bezwang. Mit dem 3 : 1 war der Sieg Österreichs sichergestellt. Ossi hatte sich zum 50. Länderspiel selbst beschenkt. Der gelernte Modelltischler und Modellfußballer wurde 62mal in die Nationalmannschaft berufen, war zweimal FIFA-Kapitän, es fällt ihm schwer, besondere Augenblicke aus seiner Karriere herauszugreifen, denn zu reichhaltig ist das Angebot. Doch die Schweizer WM und Platz drei sieht er als Krönung seiner Laufbahn an.
Sein Vorbild in jungen Jahren war Pepi Smistik, der Wunderteammittelläufer. Auch ein Stadlauer. Die langen Passes schaute Ossi dem Rapidler ab. Die gefühlvollen Ossi-Longpasses kamen abgezirkelt und wie ausgerechnet zum Schnittpunkt des heranstürmenden Melchior oder Stojaspal oder Nemec; oder genau auf den Fuß von Huber oder Wagner, je nach Situation. Es waren ihrer nicht wenige, die von den Paßbällen

Ocwirks profitierten, in Österreich wie später in Italien. Bei Sampdoria Genua lebten vor allem Eddie Firmani (später Trainer von Cosmos New York) und »Nacka« Skoglund von den Ocwirk-Vorlagen. Was an Ernst Ocwirk so lobenswert ist: Seine Einstellung hielt mit seinem Können Schritt, der Mensch Ocwirk war dem Fußballer ebenbürtig. Was sich besonders dann zeigte, als Ossi keine Bälle mehr elegant aus der Luft herunterholte und verteilte. Er ist dann als Trainer genau so enthusiastisch, ja fanatisch, wie zuvor als Spieler. Stets lautet seine Parole: Das Maximum herausholen, sich hundertprozentig einsetzen.
Er war nicht zufällig Kapitän Austrias, Österreichs, Sampdorias und der Weltauswahl, er wurde es, weil er eine Persönlichkeit auf und außerhalb des Spielfeldes war.

Die Schweizer WM bildete auch den Höhepunkt seiner Karriere, weil doch die Fußballgeneration Körner, Koller, Wagner, Schmied, Zeman, Happel, Dienst, und und und ... trotz aller Supererfolge nie Schöneres erlebte als beim dritten Platz im Jahre 1954. So sieht es Gerhard Hanappi, der Superfußballer und Diplomingenieur für Architektur.
Gerhard Hanappi, geboren am 16. Februar 1929, war wie Ocwirk Mittelläufer. Hieß Ocwirk der »Lange«, so war Hanappi der »G'schropp«. Er scheint eher zart und gebrechlich, doch in Wirklichkeit ist Gerhard Hanappi ein Vollblutathlet. Auch die wildesten Kämpfe konnten ihm nichts anhaben, er beherrschte den Ball und seinen Körper, was sich beispielsweise bei einem internationalen Turnier im belgischen Brügge offenbarte. Es war der 25. Mai 1953, Rapid gegen Arsenal lautete das Match. Schon die Paarung war pikant: Die Hütteldorfer Kanoniere gegen die »Gunners« von London. Also: Geschossen wird von beiden. Während aber die Engländer nicht einmal zum Laden kommen, feuern die Wiener Schuß um Schuß ins englische Tor. 6 : 1 lautet das Resultat, das einer Sensation in der Fußballwelt gleichkommt. Und folgende Rapidler haben sie erzielt: Zeman; Happel, Merkel; Giesser, Hanappi, Gernhardt; Körner I, Riegler, Dienst, Probst, Körner II.
Die englische Presse zum Untergang ihrer Kanoniere: »Rapid spielte zügig und direkt, spielte modernen Fußball. Und doch – bei aller Wucht und Entschlossenheit ihrer Aktionen spürte man die leichte Musik des Wiener Walzers.«
Gerhard Hanappi war so ein Geiger, auf dem Rasen wie auch außerhalb. Denn im Privatleben pflegte er ebenfalls das Violinspiel. Der 93fache österreichische Rekordinternationale war erstmals von Walter Nausch im Jahre 1948 (2 : 1 gegen Schweden) ins Team berufen worden. Und wie einst Nausch, so war auch Hanappi ein Allrounder. Gerhard Hanappi spielte Mittelläufer, im FIFA-Team Verteidiger (und auch im österreichi-

schen Team), Verbinder, Mittelstürmer, und nach der Umstellung auf WM-System selbstverständlich Aufbauläufer. Er spielte alles, verhinderte Tore, schoß welche.
Als schönsten Abschluß seiner Fußballer-Karriere betrachtet es Dipl.-Ing. Hanappi, daß er das Weststadion planen durfte. Eine Auszeichnung. Und noch eine Auszeichnung bekam er, »als erster Fußballer das Goldene Verdienstkreuz der Repubik«. »Anderswo seien Benefizspiele üblich«, meinte er, »bei uns gibt's halt Orden.«
Es gibt Länder, dort ist beides möglich. Etwa in Holland, wo Johan Cruyff einen Orden erhielt und das Benefizspiel obendrein. Den Reingewinn spendete er für wohltätige Zwecke, den Abschied vom Rasen verdarben ihm die Bayern, die der Ajax-Mannschaft acht Tore (8 : 0) schossen.

Der Fußball-Alltag ist keineswegs immer grau

Rekorde an der Donau und am Inn

Meisterschaft – das Lebenselixier des Fußballs, der Alltag, ohne den keine Feste möglich sind. Meisterschaft – ein paar Spieljahre herausgegriffen, die den Rahmen sprengen. Meisterschaftsalltag, der ganz und gar nicht grau ist.

1964/65: Tabellenstand vor der letzten Runde: Rapid führte mit 35 Punkten und mußte nach Graz zum GAK, der LASK war Zweiter mit 34 Punkten, hatte Vienna auf der Hohen Warte zum Gegner, Admira Energie lag an dritter Stelle (33 Punkte). In Graz schoß Klug nach Paß des späteren Austria-Trainers Steßl ein Tor – GAK besiegte Rapid 1 : 0. Out. Auf der Hohen Warte erzielten Blutsch und Szabo die Tore zum 2 : 0 und zum Meistertitel. Seit dem Spieljahr 1949/50 gab es eine gesamtösterreichische Meisterschaft, doch noch nie hatte ein Nichtwiener Klub den Titel erobern können. Dem LASK gelang der Cupsieg (1 : 0 und 1 : 1 gegen Wr. Neustadt) und darauf der Meisterschaftssieg. Double für Linz!

Das waren die Linzer Buam, die Cupsieger und Meister wurden: Kitzmüller; Trubrig, Pichler, Kozlicek II; Blutsch, Sturmberger; Liposinovic, Chico, Szabo, Sabetzer, Viehböck. Dazu gehörten noch: Harreither, Kondert, Köglberger, Zechmeister. Mit Liposinovic (Jugoslawien), Chico (Brasilien), Szabo (Exil-Ungar) standen drei Fremdarbeiter in den Diensten der Linzer.

Der LASK war verdient Meister geworden, die Linzer konnten seit Dezember 1964 in 21 Spielen (Meisterschaft, Pokal, Freundschaft) nicht geschlagen werden. Karl Schlechta hatte die Mannschaft trainiert, im Winter kam der Tscheche Frantisek Bufka. Eigentlich konnte Bufka nur ein deutsches Wort richtig aussprechen: »laufen«! Die Spieler mußten beim Training im tiefen Schnee in der Winterpause laufen, mußten weiter und weiter laufen. »Ich hab' schon gedacht, wir sollen in Mexiko beim Olympia-Marathon starten«, witzelte Sabetzer. Dann liefen die Fußballer dem Gegner davon, zur Spitze. Mit Bufka-Rezept, »Gut laufe, gut schieße, gut spiele«, hatte der LASK das »Wunder von Linz« vollbracht. Und die LASK-Fans sangen, daß sich nun Linz nicht mehr auf Provinz reime. Der Sieg des LASK war eine schwere Niederlage der Wiener Klubs. Meistertitel und Cup, das schmerzte besonders.

1965/66, Admira Energie wandelte auf den Spuren der Linzer. Zuerst war im Cupfinale Rapid der Widersacher. Admira-Chef Hans Reitinger bezeichnete seine Mannschaft als (gefährlichen) Außenseiter, Rapid als Favorit. Die Noch-Jedleseer hatten das Pech, Superkeeper Vukicevic infolge Verletzung zu verlieren. Doch der kleine Draxelmayer sprang groß ein, und wurde nach dem 1 : 0-Sieg von den begeisterten Anhängern im Praterstadion auf den Schultern vom Felde getragen. Hasil, Flögel, Grausam, diese Techniker bei Rapid, sie wurden von Kaltenbrunner, Herzog, Stamm, Wahl, Kozlicek II (er war vom LASK gekommen) im Rapid-Stil niedergespielt. Ex-Rapidler und Admira-Trainer Hans Pesser hatte seine Burschen scharf gemacht, die Munition hatte ihm die Presse geliefert, die Admira die längste Zeit über als beinhart, ja als Schlägertruppe, bezeichnet hatte.
Durch ein Tor von »Burli« Herzog gewann Admira den Cup. 1928 und 1932 hatten große Admira-Mannschaften den Pokal erobert, 1964 eher ein Verlegenheitsteam durch einen 1 : 0-Sieg über Austria die Sensation gebracht und nun kam der vierte Pokalsieg. Trotz der wesentlich stärkeren Elf als zwei Jahre zuvor eher doch unerwartet.
Der erste Schritt war getan. Vier Tage später mußte im Kampf um den Meistertitel die Entscheidung fallen. Der Gegner im Titelrennen hieß neuerlich Rapid. Die Hütteldorfer hatten den Sportklub zu bekämpfen, die Admiraner bekamen es im Stadion mit Austria zu tun. Und wiederum ließ sich Admira die Chance nicht entgehen, siegte nach einer 4 : 1-Führung mit 4 : 3, während die Rapidler über ein 2 : 2 gegen den Sportklub nicht hinauskamen. Im Finish der Titeljagd war die konditionsstärkste Mannschaft auch zur bestspielenden geworden. Die Doublegewinner hatten, was wenige Klubs ihr eigen nennen konnten: Zwei echte Flügelstürmer, Skerlan und Sauer. Der Anschluß an die berühmte Admira war gefunden. Die Vorfahren hatten bekanntlich achtmal den Meister gemacht. Ein Alt-Admiraner, der ehemalige Mittelstürmer Stoiber, war bei den Energie-Admiranen noch als Masseur tätig.
Die Elf, die Cupsieger und Meister wurde: Draxelmayer; Breibert, Wahl, Sommer; Kozlicek II, Stamm; Skerlan, Latzke, Kaltenbrunner, Herzog, Sauer (Stammkeeper Vukicevic war verletzt).
1967/68: Im Spieljahr 1966/67 war Innsbruck nahe dran gewesen, es dem LASK gleichzutun. Doch schoß der Vorarlberger Ersatzmann Pienz Rapid den Weg zum Titel frei. Während die Rapidler in der Südstadt mit 3 : 1 gewannen, hätte den Innsbruckern ein 5 : 0 über Schwarz-Weiß Bregenz für den Sieg in der Meisterschaft infolge des besseren Torquotienten gereicht, doch Innsbruck siegte 5 : 1, Rapid war zum 24. Mal österreichischer Meister, mit 39 Punkten und 69 : 28 Toren. Die von Leopold Stastny trainierten Tiroler wiesen bei ebenfalls 39 Zählern ein Torverhältnis von 53 : 23 auf (damals entschied noch der Quotient, nicht die Differenz).
Doch 1967/68 ließ sich Rapid-Trainer Rudi Vytlacil nicht mehr auf eine solche Nervenprobe ein, die Entscheidung fiel praktisch schon in

der 22. Runde, als der Sportklub Austria 1 : 0 schlug und Rapid trotz schlechter Leistung Vienna 1 : 0 besiegte. Bei vier ausstehenden Runden betrug der Rapid-Vorsprung schon fünf Zähler. Im Praterstadion hatte bei Austria gegen Sportklub das Duell zweier Freunde die Partie entschieden: Adi Knoll, nunmehr Austria, lief neben »Spezi« Erich Hof (Sportklub) her, ohne energisch und hart zu attackieren – Hof schoß das 1 : 0. Wobei Hof noch einen zweiten Ex-Klubkollegen düpierte: den violetten Keeper Rudi Szanwald. (In diesen Tagen, am 8. Mai 1968, wurde der Höhenflug eines Wiener Sportlers jäh gestoppt: Bruno Arcari bezwang den Europameister im Superleichtgewicht, Hans Orsolics, durch Abbruch in der 12. Runde.)
Austria verlor weiter Punkte, Rapid siegte weiter. So konnte in der vorletzten Runde auf dem Rapid-Platz bereits bei Freibier und Musik der 25. Meistertitel gefeiert werden. Wie sagte doch Präsident Pruckner einmal? »Die grün-weiße Fahne wird nie untergehen!« Richtig, außer Bier schenkten die Rapidler noch Bummerl aus, fünf an der Zahl, der LASK wurde 5 : 1 geschlagen.
Beendet wurde die Meisterschaft 1967/68 in Innsbruck, Wacker und Rapid zeigten ein dramatisches Spiel, das 3 : 3 endete. Die Sieger, die in der Endwertung sieben Punkte Vorsprung hatten: Gerald Fuchsbichler; Gebhardt, Glechner, Fak; Skocik, Ullmann; Fritsch, Bjerregaard, Grausam, Flögel, Kaltenbrunner. Johnny Bjerregaard wurde mit 23 Toren Schützenkönig. Es war der 25. Meistertitel für Rapid! Eine nicht uninteressante Zuschauerzahl: 1,2 Millionen Besucher wohnten den Spielen aller 14 Nationalligaklubs bei.
1970/71: Als Ocwirk und Parits nach Austrias Meistersiegen 1969 und 1970 die Violetten verließen, war der Weg endlich frei für Innsbruck. Wacker Innsbruck gewann in Meidling im letzten Saisonspiel gegen den Wiener Namensvetter 4 : 2, damit hatte zum zweiten Mal in der Geschichte des österreichischen Fußballs ein Nichtwiener Klub den Meistertitel erobert. Wiens Niederlage wurde noch durch den zweiten Platz von Austria Salzburg dokumentiert. Erst dann kam Rapid.
Die Innsbrucker, die 1964 ins Oberhaus aufgestiegen waren, stellten ein attraktives Team, ausschlaggebend waren die Fähigkeiten von Wolny, Ettmayer, Grausam. Hans »Buffi« Ettmayer setzte die Impulse, mit dem Meistertitel verabschiedete er sich zugleich nach Stuttgart. Ettmayer war sechs Jahre bei den Innsbruckern gewesen, um ein Jahr weniger als Senekowitsch, der ebenfalls 1971 Wacker verließ, um beim GAK als Trainer zu wirken.
Innsbrucks Meisterelf: Rettensteiner; Eschlmüller, Werner, Eigenstiller, Voggenberger; Obert, Binder, Ettmayer; Wolny, Grausam, Jara.
Der Siegeslauf der Innsbrucker ging weiter, das Tiroler Fußballschiff, geschickt gesteuert von Präsident Erwin Steinlechner, hielt auf Siegeskurs. 1972 und 1973 wurde wieder der Titel erobert, dreimal in ununterbrochener Reihenfolge, genau wie es ein Jahrzehnt zuvor Austria Wien gemacht

hatte. Und wie zuvor die Violetten, so dominierten anfangs der siebziger Jahre die Innsbrucker im österreichischen Fußball. Wien, die Metropole, war zweitrangig geworden. Was für die Innsbrucker ein großer Erfolg war; für den österreichischen Fußball aber wirkte sich das Zurückbleiben der Wiener nachteilig aus. Man muß den Weitblick des Innsbrucker Fußballchefs Steinlechner rühmen, der immer wieder darauf hinwies, daß auf die Potenz der Bundeshauptstadt nicht verzichtet werden könne.
Sollte Wacker Innsbruck als erste österreichische Mannschaft viermal en suite Meister werden? Das war weder dem 25fachen Rekordmeister Rapid noch der Austria gelungen. Ein neuer Meilenstein, gesetzt von den Tiroler Grün-Schwarzen? Beinahe wäre das Kunststück gelungen, doch VÖEST schaffte die Sensation, unterbrach die Tiroler Siegesserie. Die von dem Ex-Wacker-Spieler Helmut Senekowitsch betreute Linzer Elf verhinderte, daß Innsbruck neuerlich Fußballgeschichte machte. VÖEST Meister 1974! Und 1974/75, im ersten Jahr der Zehnerliga, gewann neuerlich Wacker. Aus Innsbruck. No na! Das war nun schon demütigend für die Wiener. Doch zu aggressiven Taten der Klubs und ihrer Spieler aus der Hauptstadt reichte es nur in verbaler Hinsicht. Der tiefe Schlaf hielt an. Die Wiener begnügten sich mit Brosamen, wie einem Sieg im österreichischen Cup, mit einem Platz, der zur Teilnahme am UEFA-Cup reichte.
1975/76 durchbrach die von Karl Stotz trainierte Austria die Innsbrucker Hegemonie, gewann klar vor den Grün-Schwarzen den Titel. Endlich ein kräftiges Lebenszeichen der Wiener, da Rapid auch noch den Cup eroberte. Das war Pech für die Tiroler, die um Meisterschaft und Pokal gekämpft hatten, zweimal Zweiter wurden, obwohl sie im Cupfinale eindeutig die bessere Mannschaft gestellt hatten.
1977/78: Das Spieljahr des sensationellen Austria-Solos. Dabei sah es anfangs gar nicht nach einem Alleingang aus. Die Violetten führten in der zweiten, dritten und vierten Runde, verloren die Spitzenstellung nach einem Heim-Remis (1 : 1) gegen VÖEST, fielen in der 6. Runde auf den dritten Platz hinter Innsbruck (9 Punkte) und Rapid (8 Punkte) mit ebenfalls acht Punkten zurück. Sturm hatte in Graz den Violetten die erste Niederlage zugefügt.
In der achten Runde lag Austria wieder in Führung, Rapid war im Derby 3 : 2 geschlagen worden. Und von nun an ging's rapid: Zur Halbzeit, nach 18 Runden, führten die Austrianer mit 29 Punkten, 6 Punkte mehr als der Zweitplazierte Innsbruck.
Die zweite Niederlage setzte es wieder in Graz, diesmal 1 : 2 gegen den GAK. Für die von Springer betreuten Grazer Athletiker war der Erfolg auch deshalb eine besondere Genugtuung, weil Ex-GAK-Spieler und Ex-GAK-Trainer Hermann Steßl nach dem Abgang von Stotz die Austrianer betreute.
Als Austria am 6. Februar 1978 in Innsbruck zum Nachtragsspiel antrat, waren nicht einmal tausend Zuschauer gekommen. Da die Tiroler auch

auf eigenem Platz den Spitzenreiter nicht stoppen konnten und 1 : 2 verloren, betrug der Vorsprung Austrias nach 21 Spielen bereits zwölf Punkte.

Es ging hurtig weiter: In der 28. Runde lag Austria mit einem 15-Punkte-Guthaben vor den zweitplazierten Rapidlern. Um es kurz zu machen: Als der Sololauf mit einem Bombentor endete, hatten die Violetten 56 Punkte auf dem Konto, 14 mehr als die folgende Rapid-Elf, 17 mehr als Innsbruck, der dritte. Nie zuvor in der Geschichte der österreichischen Meisterschaft hatte eine Mannschaft die Konkurrenz derart deklassiert.

1977/78 war die vom Erfolg her gesehen größte Saison Austrias, mit der Rekordmeisterschaft, mit dem Einzug ins Europacupfinale, mit dem Vorstoß ins Semifinale des österreichischen Cups (wo die Violetten vor allem infolge der Terminhäufung an Innsbruck scheiterten).

Das Austria-Standardteam der Meisterschaftssaison 1977/78: Baumgartner; R. Sara, Obermayer, J. Sara, Baumeister (Pospischil); Prohaska, Daxbacher, Gasselich (Martinez); Parits (Drazan), Pirkner, Morales.

Erinnerungen an große Spiele

Als Sportklub im Europacup 7:0 siegte

Die großen Spiele österreichischer Mannschaften würden Bücher füllen. Die Schlachten im Mitropacup, die in die Fußballgeschichte eingegangenen Freundschaftsspiele, die bis in die Gegenwart reichenden Europacupkrimis. Einige Spiele seien herausgegriffen, Matches, über die heute noch im Beisel diskutiert, deren Ausgang und Torschützen immer wieder Gegenstand von Wetten sind.
Ein Austria-Spiel wird Generationen überdauern: Einmal war es typisch für den ewig jungen Austria-Stil, zum anderen der Gegner 1. FC Kaiserslautern, der regierende deutsche Meister.
Der 9. September 1953 ist ein Mittwoch. Vor dem Match hatte es geregnet. Nur 25 000 kommen ins Stadion in den Prater. Einmal, weil es ein Wochentag war, einmal weil die Anhänger nicht sehr viel erwarteten: Austria hatte ein paar Tage vorher in der Meisterschaft auf der Hohen Warte gegen den Salzburger Namensvetter 2 : 3 verloren.
Austria spielt gegen Kaiserslautern mit Ondreiska, Stotz, Kowanz, mit Fischer, Ocwirk, Sabetzer in der Läuferreihe und im Sturm mit Melchior I, Kominek, Stojaspal, Pichler und Schleger. Gegen Austria Salzburg hatten es die Violetten mit dem WM-System versucht und waren gescheitert, gegen die Lauterer griffen sie wieder auf den offensiven Mittelläufer zurück.
Die Violetten schlugen gleich fürchterlich zu: 7. Minute eine Melchior-Bombe 1 : 0. 18. Minute: Ein 30-m-Paß von Ocwirk für Melchior, der gibt weiter zu Schleger – 2 : 0. 23. Minute: Melchior 3 : 0, 33. Minute: Schleger 4 : 0, 44. Minute: Pichler 5 : 0. Pausenpfiff.
Die Berichterstatter fanden, nach der Pause sei es gemütlicher geworden, da die Violetten nur noch vier Tore schossen. Wollten die Austrianer die Deutschen nur häkerln: 59. Minute: Kominek dribbelt, dribbelt, dribbelt, ist noch immer am Ball – zu Pichler – 6 : 0. Otmar Walter köpfelt das 1 : 6 (63.). Walter Schleger erhöht auf 7 : 1 (67.). Nun stellen die Austrianer Bedingungen. Ein Tor darf nur schießen, wer auch den Tormann umspielt.
Zwei Deutsche attackieren Kominek, ein Schmäh und beide laufen ins Leere, Komineks Paß landet bei Melchior. Der Patenthaken, Kohlmeyer ist ausgeschaltet, Tormann Hölzl stürzt aus dem Tor, der Patenthaken

kommt neuerlich, jetzt ist auch der Keeper der Lauterer passiert. Doch Melchior wird seitlich abgedrängt, er läuft zum Tor, wartet – Hölzl versucht auf allen Vieren heranzukommen – Melchior wartet genüßlich – und schiebt den Ball ins leere Gehäuse. 8 : 1. In der 85. Minute schießt Linksaußen Scheffler das 2 : 8. In der 88. Minute stürmt Verteidiger Stotz vor, köpfelt eine Pichler-Flanke ein. Noch was? Nein, Endstand 9 : 2.
»Amol der Gigl, amol der Gogl«, tröstet Ernstl Stojaspal beim Abgang Fritz Walter und legt den Arm um die Schultern des deutschen Nationalspielers. Er sollte, früher als er dachte, recht behalten. Am 30. Juni 1954 in Basel wurde Österreich vernichtend mit 6 : 1 geschlagen. Von Kaiserslautern standen Kohlmeyer, Liebrich, Eckel, Fritz und Otmar Walter im siegreichen Team.
Zurück zum Austria-Triumph: Zum 9 : 2 kann man aus späterer Warte nur sagen: Schade, daß es damals noch keinen Europacup gab. Dieses 9 : 2 war keine Eintagsleistung. Zu Ostern des Jahres 1953 hatten Austria und Honved im Prater 6 : 7 gespielt. Trotz der violetten Niederlage: Es war ein denkwürdiges Spiel gewesen, Ferenc Puskas schwärmte noch Jahrzehnte später von dieser Partie. Ja, schade, daß es noch keinen Europacup gab.

Bei Rapid gegen Real Madrid am 14. November 1956 war bereits der Europacup aus der Taufe gehoben. Real kam als Europacupsieger 1955/56 nach Wien. Das Millionenteam Real galt als beste Mannschaft der Welt. Am 1. November 1956 hatten die Hütteldorfer in Madrid 2 : 4 (0 : 2) verloren. Dienst und Giesser schossen die Tore der Wiener und die über 100 000 im Bernabeu-Stadion waren enttäuscht, daß der Königsklub nicht höher gewonnen hatte.
Am 1. November 1956 lautete der Aufmachertitel im Kurier: »Sowjettruppen greifen die ungarische Armee an.« Die komplette Mannschaft von Honved Budapest hatte die Genehmigung erhalten, auszureisen und war in Wien eingetroffen. Auch Ferenc Puskas war dabei, von dem es geheißen hatte, er sei bei den Kämpfen in Ungarn gefallen. Puskas, Kocsis, Czibor, Manager Östreicher, sie gingen nie mehr nach Ungarn zurück, Boszik war der einzige große Star, der zur Heimkehr überredet werden konnte.
Rückspiel am 14. November im Praterstadion. Sowjetische Panzer hatten die Volkserhebung in Ungarn niedergewalzt. Zum Europacuprückspiel wurde vermerkt, daß Rapid mit Ersatz antreten müsse, da Keeper Gartner verletzt sei. Im Tor spielte Walter Zeman, der in dieser Zeit nur Ersatztorhüter war. Rapid-Trainer Max Merkel meinte, ein Aufholen des Zwei-Tore-Rückstandes könnte möglich sein.
Die Spanier hatten gegenüber Madrid auf einem Posten umgestellt: Für

Zweimal Zaungäste: Im Bild oben (Rapidplatz) waren die Gratisblitzer besonders erfindungsreich. – Bild unten: Zum Glück gibt es so viele Astlöcher (Wackerplatz).

Der Rapidler Kuthan war ein Angriffsführer im wahrsten Sinne des Wortes. Von seinen Aktionen profitierte viel der schußgewaltige Pepi Uridil. Das Bild zeigt eine Szene Anfang der zwanziger Jahre, Kuthan gegen Amateure-Keeper Hloschek.

1922 gegen die Schweiz 7:1. Im Bild: Gold, Nitsch, Fischera, Resch, Cutti, Kurz, Blum, Uridil, Kuthan, Edi Kannhäuser, Köck.

Wüste Szenen bei Rapid gegen Admira. Rapid-Verteidiger Schramseis wurde verletzt und liegt am Boden. Es war ein Beinbruch.

Eine Rapid-Elf aus den zwanziger Jahren: Swatosch, Richter, Uridil, Wandrak, Köhler, Kuthan, Solil, Wessely, Brandstätter, Dittrich, Nitsch.

Heut' spielt der Uridil! Von und mit Hermann Leopoldi, und mit ihm sang ganz Wien diesen Schlager. Goalgetter Uridil (links) gegen Slavia. Rechts der junge Uridil.

Zweimal Bela-Bacsi Guttmann. Oben der junge Bela als Legionär in Wien bei Hakoah (rechts Amateurspieler Hierländer). Links Bela-Bacsi als österreichischer Teamchef.

Eine Parade von Friedrich Franzl, Tormann bei Admira und beim Sportklub. Franzl spielte 15mal im Tor der Nationalmannschaft. Er war der Vorgänger von Rudi Hiden. Sein letztes Teamspiel: Am 3. Mai 1931 gegen Ungarn (0:0). Dann wurde das Wunderteam »geboren«.

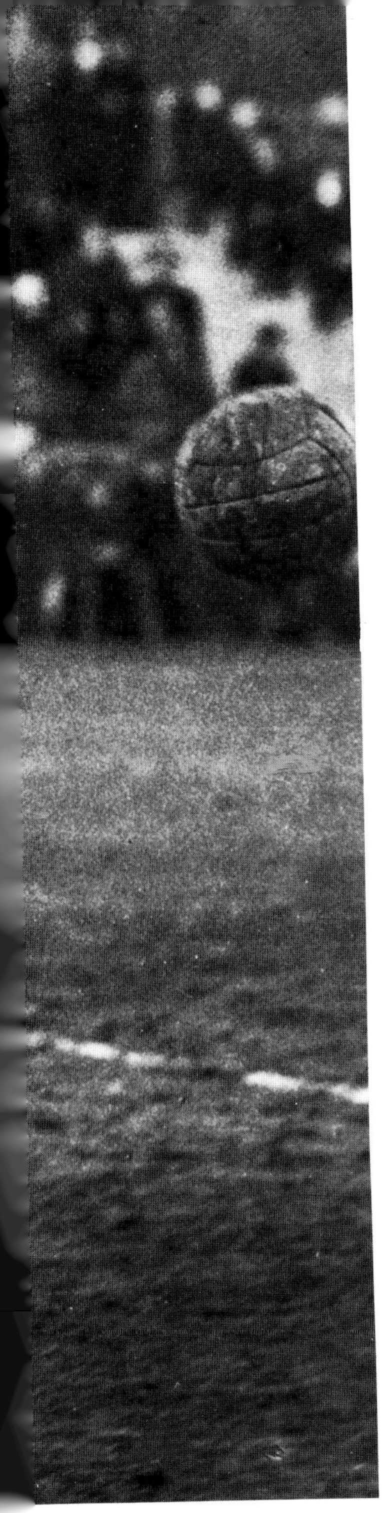

Popovich (Amateure) klärt vor Wondrak (links). Popovich wird als Verteidiger von ganz großen Qualitäten beschrieben 33 Teamspiele!

Rapid gewann 1927 zum drittenmal den Cup. Im Finale wurde Austria mit 3:0 geschlagen. Diese Photomontage vereinigte Spieler und Klubführung.

Horvath (damals bei Simmering) bezwang Ungarn-Keeper Beneda, Österreich schlug die Magyaren auf der Hohen Warte 6:0. Es war der 10. April des Jahres 1927.

11. Juli 1931, Eröffnung des Wiener Stadions: Bundespräsident Miklas (Mitte), Bürgermeister Seitz, rechts Karl Renner, Bundespräsident nach dem Ersten und Zweiten Weltkrieg.

Oft gesehene Gäste in den dreißiger Jahren im Stadion: Paula Wessely und Attila Hörbiger. In der Mitte Goalgetter Toni Schall (Admira).

Schall in Aktion: Im rechten Bild muß Rudi Hiden vor dem anstürmenden Admira-Goalgetter retten (aus Admira gegen WAC).

Aus der Grabenperspektive beobachtete Feldherr Hugo Meisl das Match. Im speziellen Fall handelt es sich um das Länderspiel von 1936 gegen England im Praterstadion, das Österreich nach großem Kampf mit 2:1 gewann.

Admira hatte vor dem Krieg eine ganz große Mannschaft. Mittelstürmer Stoiber, links (hier gegen die Fav. AC-Abwehr), operierte schon damals zurückgezogen und brachte seine Verbinder mit Lochpasses in Front.

Im Mai 1937 waren die Schotten zu Gast. Die Wiener drängten derart ins Stadion, daß sogar die Stiegenaufgänge zum Bersten voll waren. Da ist auch der Herr Inspektor machtlos. So mancher sah wohl nicht viel vom Match, das 0:0 endete.

Eine Sportklub-Mannschaft aus dem Jahre 1930: Funktionär Bunzl, Jellinek, Kellinger, Zach, Mahal, Danis, Weilinger, Schilling, Hrabac, Schreiber, Kestler, Pillwein, Maresch, Urban und Trainer Teufel. Sportklub war damals Mittelständler.

Raufereien im Prater beim Mitropacupspiel Admira gegen Genua. Beim Stande von 2:2 brach der ungarische Referee Invancsics das Match ab. Es kam zu kcinem Retourspiel, beide Klubs wurden aus dem Bewerb ausgeschlossen.

Schall – Vogl, Vogl – Schall – Tor! Das war Prof. Willy Schmieger. Seine Reportagen vom Wunderteam hörte ganz Österreich in öffentlichen Übertragungen. Zu Hause aber nur selten, wer hatte schon ein Radiogerät!

Am 5. Oktober 1937 qualifizierte sich Österreich durch einen (matten) 2:1-Sieg über Lettland für die WM 38. Die Sieger: Vavra, Pesser, Geiter, Zischek, Sesta, Jerusalem, Pekarek, Nausch. – Vorne: Zöhrer, Binder, Andritz.

1938 spielte Österreich nicht bei der WM – sondern im Stadion. Das sogenannte Anschlußspiel Ostmark gegen Deutschland endete 2:0 für Österreich. Links Binder, im Tor Jakob. Dieses Spiel wird in der Statistik nicht geführt.

22. Juni 1941: Kriegsbeginn gegen die Sowjetunion. Endspiel um die deutsche Fußballmeisterschaft vor 100 000 im Berliner Olympiastadion; Rapid besiegte Schalke 04 mit 4:3 Toren. Schalke hatte bereits 3:0 geführt.

Er war der Held des 4:3-Triumphes: Franz »Bimbo« Binder, der drei Treffer schoß. Tor Nummer 4 steuerte Schors bei. Binder war der gefürchtetste Scharfschütze, den es je in Österreich gegeben hat, er erzielte über 1000 Tore.

Nochmals Rapid gegen Schalke, diesmal aber in friedlichen Zeiten. Es ist ein Freundschaftsspiel, Max Merkel bekämpft einen gegnerischen Stürmer. Der harte Verteidiger Merkel wurde später ein beinharter Trainer.

Österreichs populärster Tormann der Nachkriegszeit war der Rapidler Walter Zeman, Held unzähliger Schlachten Rapids und des Teams.

Spielte Rechtsaußen bei Wacker und wurde von Edi Frühwirth zum Außenverteidiger umgeschult: Bertl Kaubek, der auch zweimal in die österreichische Nationalmannschaft berufen wurde. Sein Trumpf war die Schnelligkeit.

»Turl« Wagner, der blendende Techniker und Scharfschütze, lernte von Willy Hahnemann das Stürmerhandwerk bei Wacker. Diesen Schuß des Meidlinger Internationalen konnte der Austria-Tormann Spale gerade noch bändigen.

Dirigierte die Meidlinger vom Tor aus: Franz Pelikan, ein hervorragender Keeper Sein Pech, daß mit Zeman und Schmied noch bessere da waren.

Diese Sportklub-Mannschaft eroberte 1957/58 den Meistertitel. Stehend von links: Knoll, Hasenkopf, Horak, Howanietz, Skerlan, Barschandt. – Hokkend: Hamerl, Jaros, Szanwald, Hof, Büllwatsch.

Zweimal Kaltenbrunner. Links Ernst Kaltenbrunner (er hat hier den Austrianer Swoboda ausgespielt), der einmal gegen Italien international war, den Siegestreffer zum 2:1 schoß, aber sehr bald seine Karriere aufgeben mußte. Er starb nach schwerer Krankheit. Unten sein Bruder Günther (ebenfalls WAC). In Weiß der Simmeringer Löffelmann.

Noch ein WAC-Stürmer – Fritz Cejka. In den Jahren 1960 und 1961 hatte der WAC seine beste Zeit, wurde jeweils Dritter. Fritz Cejka war wie der »Einser« Kaltenbrunner ein gefürchteter Goalgetter mit schnellem Antritt.

Was wohl härter ist – Sabetzers Schuh oder der Kopf von Rapid-Verteidiger Steup? LASK und Rapid lieferten einander harte Duelle.

Wieder LASK gegen Rapid, diesmal versucht Hanappi dem Linzer aus Meidling, Pauli Kozlicek (weißer Dreß), das Leder abzujagen. Die Kulisse war beachtlich.

Das war der Meistertitel 1964/65 für den LASK: Auf der Hohen Warte wurde Vienna 2:0 besiegt, erstmals ist ein Nicht-Wiener-Klub österreichischer Fußballmeister. Trubrig (rechts) gegen Wieger, Dolfi Blutsch schaut gespannt zu.

Felix Latzke ist glücklich, gratuliert Torschützen Sauer (Nummer 11). Der Austrianer mit der Rückennummer 3 ist Heinz Binder. Admira Energie schlug Austria im letzten Meisterschaftsspiel 4:3 und gewann den Titel (1965/66).

Admira eroberte auch den Cup, im Finale wurde Rapid 1:0 besiegt. Herzog mit der Trophäe, links Latzke, rechts Walter Stamm.

Er hatte großen Anteil am Doublegewinn: Admiras Jugo-Keeper Vukicevic. Im Bad Skerlan, Sommer und Breibert. In 26 Spielen erhielt Admira nur 17 Tore.

Admira-Stopper Wahl versucht dem Rapidler Seitl den Ball abzunehmen. Die Hütteldorfer siegten in der Südstadt 3:1 und waren durch die bessere Tordifferenz Meister vor Wacker Innsbruck (1966/67).

Der Sieg muß begossen werden, sagt Trainer Rudi Vytlacil und schenkt Gustl Starek Sekt ein. Hinter Starek Ullmann. Nach diesem Sieg verließ Gustl Starek Rapid und ging zum 1. FC Nürnberg. Auch dort wurde er Meister.

Gustl Starek in Aktion; er umspielt Admira-Keeper Draxelmayer. Starek wurde in diesem Jahr auch österreichischer Torschützenkönig.

Die Jugend feierte den sympathischen Rudi Flögel. 1968 wiederholten die Hütteldorfer den Meisterschaftssieg, doch dann kam lange nichts mehr.

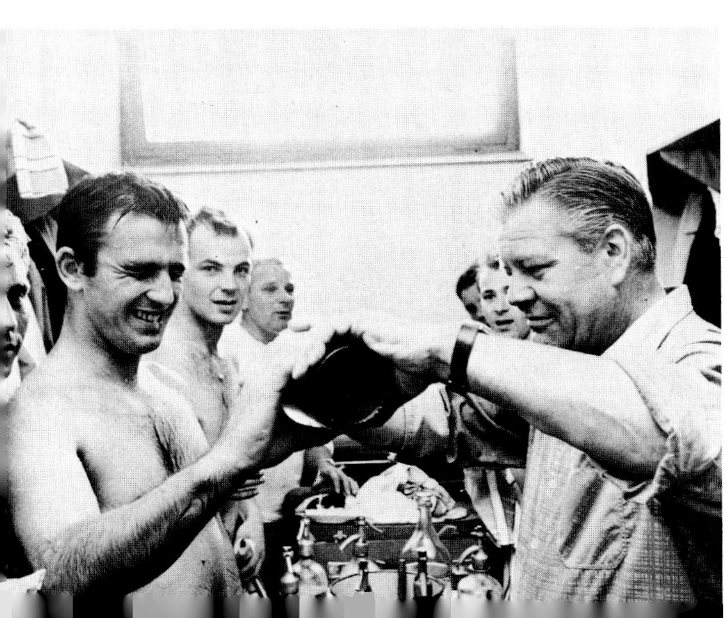

Mit dieser Mannschaft ging Wacker in die Punktejagd 1970/71. Stehend: Kriess, Obert, Eschlmüller, Grausam, Eigenstiller, Jara, Trainer Elsner (bis zur Winterpause war er bei Wacker). Vorne: Binder, Ettmayer, Rettensteiner, Wolny und Werner.

Zum dritten Mal gewinnt Innsbruck 1973 den Titel: Trainer Gebhardt, Breuer, Gombasch, Skocik, Koncilia II, Rinker, Jara, Hattenberger, Kriess. Vorne: Voggenberger, Eigenstiller, Rebele, Schatz, Koncilia I, Lercher, Flindt, Kordesch.

Die Innsbrucker feiern ihren ersten Meisterschaftssieg im Jahre 1971. Im Bild links: Halb verdeckt »Buffi« Ettmayer, dann Francescin, Jara, Eigenstiller, Wolny, Grausam, Masseur Eisank, rechts Trainer Otto Baric, der zur Winterpause Branko Elsner ablöste. Elsner mußte nach Laibach zurück.

Oben: 1975 wiederum Innsbruck. Mit Kurt Welzl. Links umspielt Gombasch, der oft an Verletzunge laborierte, Nowak von Admira-Wacker.

Am 12. Oktober 1969 schlug Austria Rapid mit 6:0. Der höchste Sieg der Violetten über den Erzrivalen. Unten: Parits umspielt Ullmann (rechts).

Gebhardt versucht vergeblich den Schuß von Pepi Hickersberger abzuwehren. Hickersberger schoß drei Tore. Geza Gallos (er war neun Jahre später ebenfalls dabei) blickt betrübt dem Ball nach.

Am 22. Oktober 1978 besiegten die Austrianer Rapid mit 5:1. An diesem Tag war ebenfalls ein 6:0 möglich. Den Hattrick erzielte diesmal Parits.

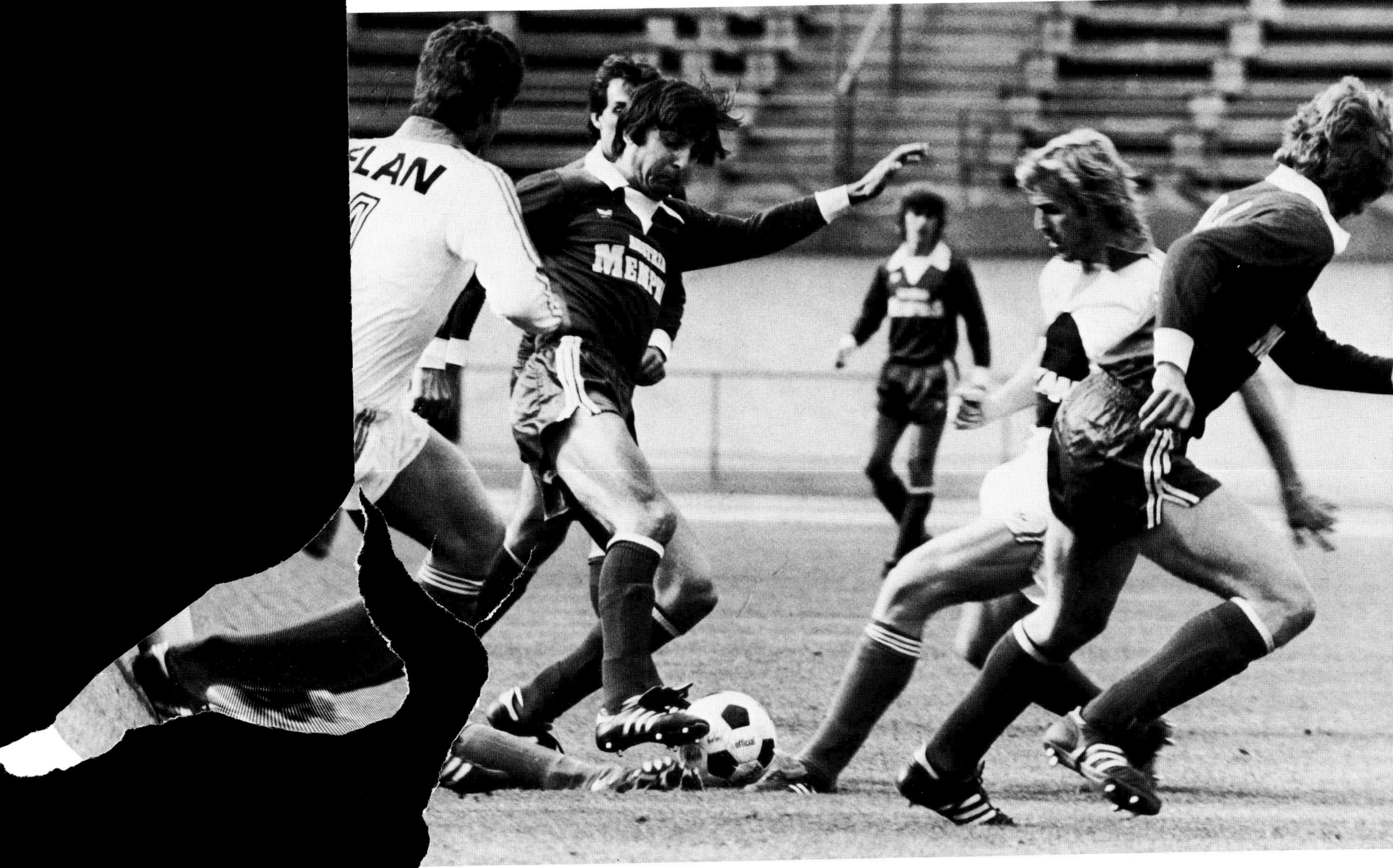

*Thomas Parits im Jahre 1978
Er umspielt, was sich ihm ent
gegenstellt. Persidis liegt an
Boden, Pregesbauer (Nr. 4) is
überrollt, Walzer kommt noc
an die Reihe. Die Austriane
waren an diesem Tag entfessel*

Noch einer, der jubelt: Walter Schachner nach seinem ersten Tor. Ein weiteres folgte – Austria gewann das Derby vor 22000 mit 5:1.

Santisteban spielte Munoz rechter Läufer. Jener Munoz, der später länger als ein Jahrzehnt Real-Trainer sein sollte.
Als am 14. November 1956 erstmals im Praterstadion die Flutlichter aufflammten (es war Nachtspielpremiere), hatten 53 000 im Stadionrund ein völlig neues Gefühl. Und es stellte sich auch eine neue Rapid-Mannschaft vor. Im Wiener »Kurier« schrieb Heribert Meisel über dieses Europacupspiel:
»Endlich! Der österreichische Fußballsport hat gestern beim Flutlichtspiel wieder ein Lebenszeichen gegeben. Endlich! Nach Jahren die erste wirklich gute Leistung einer Wiener Mannschaft im Kampf gegen einen internationalen Gegner von Format. Wenn Rapid auch ›nur‹ ein 3 : 1 (3 : 0) erreichte und daher nach dem 2 : 4 von Madrid bei einem Gesamtscore von 5 : 5 gegen die Spanier ein drittes Spiel austragen muß, so steht doch über allem die große Mannschaftsleistung Rapids und das phänomenale Schußvermögen Happels, der die Madrider mit zwei Freistoßbomben und einer Elfmeterkanone sozusagen allein geschlagen hat.
Hätte der französische Schiedsrichter Guigue Rapid nicht in zwei Fällen kraß benachteiligt – er gab ein Hands der Spanier im Strafraum nicht und anerkannte ein reguläres Kopftor Rieglers gleich zu Beginn wegen angeblichem Abseits nicht –, und wären die Rapidler nicht so vom Schußpech verfolgt gewesen – drei Latten- bzw. Stangenschüsse –, der berühmte Vorjahrssieger im Europacup, Real Madrid, hätte schon die erste Runde des heurigen Bewerbes nicht mehr lebend überstanden.
Freilich, die Spanier können einen sehr wesentlichen Entschuldigungsgrund für ihr schwaches, ja geradezu konfuses Spiel anführen: Mittelläufer Olivia wurde bereits in der 5. Minute bei einem Zusammenstoß mit Dienst verletzt und mit einer Rißquetschwunde ins Spital eingeliefert. Nahezu das ganze Match mit zehn Leuten bestreiten, das ist ein hartes Los. Dennoch hätte das Spiel dieser Millionenelf auch in einem solchen Fall mehr Konzept verraten müssen. Rapid war eben, unabhängig davon, daß der Gegner numerisch geschwächt war, die einwandfrei bessere Mannschaft. Wie gut muß da erst Sturm Graz sein, muß man sich nach der letzten 0 : 1-Niederlage Rapids in Graz fragen.
Es gab in der ersten Hälfte eine Phase des Matches, in der die diesmal in rot-schwarz spielenden Grün-Weißen nicht schlechter waren als das Wunderteam in seiner besten Zeit. Das Zusammenspiel geriet mit traumwandlerischer Sicherheit, die Spanier berührten minutenlang keinen Ball. Es war einfach eine Augenweide, Rapid spielen zu sehen.
Happel muß man einen Sonderabsatz widmen. Unheimlich seine Tagesverfassung im Schießen! Schon der erste Freistoß pendelt genau von der rechten Kreuzecke, als er aus gut 30 m Entfernung loskanoniert hatte. Dann kam seine Elfmeterrakete, die dem vorangegangenen Feuerwerk würdig gewesen wäre, und schließlich jagte er, diesmal aus 25 m Distanz, mit ›Buserer‹ den Ball zum drittenmal ins Netz. Da gab es für die Wiener

Zuschauer kein Halten mehr. Sie sprangen von den Sitzen, umarmten einander und warfen die Hüte in die Luft. Plötzlich herrschte eine Madrider Atmosphäre im weiten Praterovall! Man muß Happel für seine Leistung danken!
Erstaunlich gut war auch Riegler, der fast jedes Kopfballduell gegen die Spanier gewann. Gleich nach der Pause wurde er von Joseito im Strafraum Reals gefoult, ein klarer Elfmeter, doch der französische Schiedsrichter gab nichts. In der 87. Minute rettete di Stefano mit einem Fallrückzieher seiner Mannschaft das dritte Spiel. Man soll, wenn man mit dem 3 : 1 unzufrieden ist, nicht vergessen, daß vor dem Match fast niemand an die Möglichkeit eines Sieges gedacht hatte.
Die Leistungen der Spanier kann man, da sie nach dem Ausfall ihres Stoppers Olivia ein betontes, aber nicht sehr sinnvolles Defensivspiel zeigten, nicht recht beurteilen. Einige, so di Stefano, Kopa und Gento, fielen auf.« Soweit der Bericht von Heribert Meisel.
Hier die Namen der siegreichen Rapidler: Zeman; Halla, Happel, Golobic; Hanappi, Gießer; Körner I, Riegler, Dienst, Körner II, Höltl.
Also drittes Spiel. In Paris, Brüssel, Amsterdam? Eine deutsche Stadt lehnten die Madrilenen ab. Schließlich einigte man sich auf – Madrid. Im Bernabeu-Stadion von Madrid waren die Hütteldorfer natürlich chancenlos und verloren 0 : 2. Max Merkel schrieb in seinem Buch »Zuckerbrot und Peitsche« zum Schauplatz Madrid: »Einen ganzen Rucksack voll Geld haben wir mitgebracht nach Hütteldorf; wir haben es auch gebraucht. Es gab nicht wenige Anhänger, die uns gram waren, weil wir – wie sie meinten – den Spaniern in die Falle gegangen seien und dort gespielt hatten. Wir hätten durch diesen Entschluß auch den treuen Sportplatzbesuchern, die zu jedem Match nach Hütteldorf kamen, die Möglichkeit genommen, mit dabei zu sein. Ehrlich, wie viele wären denn nach Belgien oder Holland zu diesem Entscheidungsspiel gefahren? Ein paar Hundert, und dafür hätten wir in einem an dieser Begegnung nicht sehr interessierten Land vor halbleeren Rängen gespielt. Fußball in der höchsten Klasse aber ist ein Geschäft, und deshalb muß die Kasse stimmen.«
Die Kasse stimmte, Rapid kassierte eine Million Schilling, klärte Ernst Happel Merkels »Rucksack« auf. Im Herbst 1956 war demnach Rapid an der Millionenmannschaft Real Madrid gescheitert. An den Millionen, die Real zum Siegen im Fußballkrieg ausgab. Rapid hatte sich die Möglichkeit, Real auszubooten, abkaufen lassen.

Erste Runde im Meistercup des Fußballjahres 1958/59. Das Schlagerspiel heißt Wiener Sportklub gegen Juventus Turin. Auf der einen Seite der österreichische Teamtormann Rudi Szanwald, die Abwehr mit Ha-

senkopf, Büllwatsch, Jaros, den Aufbauläufern Oslansky und Barschandt, dem durchschlagskräftigen Sturm Horak, Knoll, Hof, Hamerl, Skerlan, der im Meisterjahr 1957/58 in 26 Spielen hundert Tore geschossen hatte. Der Gegner stellt am 1. Oktober 1958 in Wien folgende Mannschaft: Mattrel; Corridi, Ferrario, Garzena; Emoli, Colombo; Boniperti, Palmer, Charles, Sivori, Stacchini. – Keine Frage, welche Namen in der Fußballwelt den besseren Klang hatten. Dieser Boniperti, ein Fußballer für den Genießer, gar kein echter Italiener, kein Ausbund an Temperament und Leidenschaft, doch perfekt am Ball, elegant in den Bewegungen, ein echter Herr auf dem Spielfeld. Das Gegenteil von Boniperti ist Omar Sivori, der schwarzhaarige, feuersprühende Argentinier, unerhört dynamisch, kratzbürstig, explosiv. Wie gefährlich er ist, hatten die Dornbacher bereits beim Turiner Spiel erfahren, als er beim 3 : 1 (1 : 1) für die Zebras den Hattrick erzielte. Noch einer war Millionen wert: John Charles, der für fünf Millionen Schilling von Leeds United zu Juventus Turin geholt worden war. Das bedeutete damals Transferrekord. Der 1,88 m große Waliser war nach dem Argentinier Sivori, dem Schweden Palmer, der dritte Ausländer im Sturm des italienischen Meisters. In nahezu allem das Gegenteil von Sivori – nur in einem Punkt gleicht er dem Argentinier: Er war ebenso brandgefährlich.
34 000 waren zum Rückspiel ins Praterstadion gekommen, die Österreicher hofften auf ein drittes Spiel. In der Meisterschaftsrunde vor dem Europacup hatten die Dornbacher Mühe gehabt, den Kremser Sportklub 3 : 1 zu besiegen. Kritiker stellten konditionelle Schwächen bei dem österreichischen Meister fest.
Die 34 000 Wiener, die am 1. Oktober 1958 im Stadion sind, trauen ihren Augen nicht: Die Dornbacher sind schneller als die Italiener, sie lassen den Ball laufen, und die Italiener rennen hinten nach. Vor allem ein Mann ist nicht zu übersehen, der aufspielt wie kaum zuvor: Der am 22. Jänner 1931 geborene Pepi Hamerl zaubert, als wären die Gäste ein Unterhausverein und nicht der berühmte italienische Meister. Was er tat, sah so spielend leicht aus, daß die Wiener Zuschauer schon an der Klasse dieser Juventus-Mannschaft Zweifel hegten und fragten, wie denn diese Stümper in den berühmten Zebra-Dreß gekommen seien.
Dabei wurden die Italiener von Minute zu Minute unfairer, besonders Stopper Ferrario wütete wie ein Holzfäller, trat Horak ohne Ball nieder, doch der Schweizer Schiedsrichter Wyssling verlegte den Tatort an die Strafraumgrenze statt Elfmeter zu geben. Ferrario fand kein Mittel, diesen Hamerl des Balles zu berauben. Selbst wenn er hinschlug, war der 1,91 m große Hamerl schon wieder weg. Da streckte er Pepi Hamerl mit einem Faustschlag nieder. Ausschluß? Bereits nach dem gemeinen Foul an Horak hätte der Rowdy vom Platz gehört. Doch der Schweizer Schiedsrichter tat nichts, sah nichts.
Was die Italiener so wütend machte, war das überlegene Spiel der Wiener. Sich in der vermeintlichen Sicherheit des 3 : 1-Vorsprunges wiegend,

waren die Herren Profis nach Wien gekommen, um gerade soviel zu tun, als für den Aufstieg in die nächste Runde notwendig sein würde.
Zuerst schoß Skerlan ein Freistoß-Tor. Daraufhin zwei Hamerl-Aktionen innerhalb einer Minute, so stand es in der 34. Minute bereits 3 : 0! Der ganze schöne Vorsprung der Italiener war dahin.
Die Wiener scheiberlten, die Italiener versuchten nach Seitenwechsel den Sportklub mit hohem Spiel aus dem Rhythmus zu bringen. Doch zu überlegen ist an diesem Tag der Sportklub, ist dieser lange, schlaksige Pepi Hamerl. In der 63. Minute kann Horak seinen Bewacher abschütteln, Hamerl schießt die Flanke zum 4 : 0 ein. In der 79. Minute ist es wieder Hamerl, der das 5 : 0 erzielt. Wieder hat Mattrel keine Chance. Vier Tore in ununterbrochener Reihenfolge hat Hamerl erzielt, von Tor zu Tor feuern ihn die Zuschauer frenetischer an. Hamerl, der bei der Wiener Austria als Linksaußen nicht so richtig eingeschlagen hatte, wieder zum FC Wien zurückging und beim Sportklub als Linksverbinder seine erfolgreichste Zeit hatte, ist der Held dieses Bombensieges über den italienischen Champion.
Doch beim 5 : 0 bleibt es nicht. Erich Hof ist auch noch da, er trägt sich mit einem Elfer in die Schützenliste ein und fixiert in der 85. Minute den Endstand von 7 : 0.
7 : 0, schier unfaßbar! So vernichtet wurde der stolze italienische Meister noch nie. Mit einem Gesamtergebnis von 8 : 3 stiegen die Dornbacher in die zweite Runde des Meistercups auf.
Nach dem Sportklub-Triumph wurde neuerlich von der Wiedergeburt des Wiener Fußballs geschrieben, denn es waren die Ingredenzien des Wiener Fußballs, mit denen der Sportklub Juventus das Debakel bereitet hatte: Scheiberlspiel, Technik, Schmäh, Traumkombinationen. Von Trainer Hans Pesser heißhungrig gemacht, kam der Sportklub zum größten Sieg, den je ein österreichischer Meister im Europacup erzielt hatte. Denn der italienische Titelträger ist immer ein Großer des Fußballs.
Poldl Barschandt, der Kapitän der Dornbacher, der Internationale, der im Nationalteam als Außenverteidiger oder Aufbauläufer zum Einsatz kam, dieser Barschandt träumt Jahrzehnte später noch vom 7 : 0-Triumph. Barschandt, der zu den großen Erfolgen des Sportklubs in dieser Zeit wesentlich beigetragen hat, meinte zwanzig Jahre später: »Wir haben uns alle damals wahnsinnig gefreut, aber so ganz konnten wir gar nicht abschätzen, was dieses 7 : 0 eigentlich bedeutet hat. Und noch eines: Das 7 : 0 war der große Erfolg eines Spielers, des Pepi Hamerl. Da gab's keinen Hof, keinen Knoll, nur den Pepi!«
In der zweiten Runde wurde von den Dornbachern eine Mannschaft ausgeschaltet, die in diesen Jahren sensationelle Erfolge feierte: Dukla Prag, das Team von Major Josef Masopust. 3 : 1 in Wien, 0 : 1 in Prag. In der dritten Runde wurde der Höhenflug des Sportklubs jäh beendet: 0 : 0 in Wien gegen Real, 1 : 7 in Madrid.

Höhenflug des Meisters und des Cupsiegers

Das Wunder von Innsbruck

Der Schweizer Meister wurde ausgeschaltet, das war schön, aber letztlich erwartungsgemäß. Doch nach Basel kam Celtic Glasgow, ein Klub von der Insel der Erfinder des Fußballs, ein Klub mit einem berühmten Namen. Die Schotten wurden in Salzburg vom Platz gefegt (Innsbruck war gesperrt, in Innsbruck hatte ein Schiedsrichter kühles Bier eines heißen Fans ins Genick bekommen, hatte sich allerhand getan), mit 3 : 0 war die 1 : 2-Niederlage von Glasgow bravourös wettgemacht worden.

Im Viertelfinale war wieder einmal Borussia Mönchengladbach der Rivale. Gladbach, bereits ewiger Widersacher Wackers in internationalen Konkurrenzen, kreuzte zum drittenmal die Klingen mit den Tirolern. Hier das Stenogramm der Gladbach-Innsbruck-Begegnungen: 1974 im UEFA-Cup 1 : 2 und 3 : 0; 1975 im Meistercup: 1 : 1 am Bökelberg, ein Innsbrucker 1 : 6-Debakel am Tivoli. Zur Erinnerung: Wacker-Keeper Koncilia war nach dem Remis in Gladbach gesperrt worden, weil er dem Schiedsrichter für eine Penalty-Entscheidung applaudiert hatte. Der Herr in Schwarz verstand weder einen Spaß, noch wollte er Applaus – daraufhin war Friedl in Innsbruck Zuschauer. Schatz, der Ersatzkeeper, stand im Tor, Heynckes bombte dreimal, das Debakel war vollständig – 1 : 6. Dabei hatten die Tiroler eine Stunde lang sensationell gut gespielt. Dieser Jupp Heynckes sollte den Tirolern noch einiges vermasseln.

Am 1. März 1978 hat Innsbruck die Gladbacher im Meistercup zu Gast. Nach all dem, was bisher geschehen war, unterschätzten die Deutschen Wacker bestimmt nicht, doch siegessicher fühlten sie sich schon.

Sodann kam der Überfall: In der siebenten Minute schießt Peter Koncilia bereits das 1 : 0 für die Tiroler. Die Borussen kontern wütend, doch im Tor steht Tormannschatz Koncilia, der Stolz einer Nation, und hält und hält. Dafür heißt es in der 22. Minute 2 : 0, als Kapitän Werner Kriess einen Cornerball von Welzl an die Stange köpfelt, von wo der Ball ins Tor springt. Kleff kann das Leder nur noch aus dem Netz holen.

Die Innsbrucker spielen ihren Fußball, spielen wie gegen Celtic, der Gegner taumelt, jetzt muß der K.-o.-Schlag kommen. Und tatsächlich, der großartige offensive Mittelfeldspieler Werner Schwarz krönt seine Leistung mit einem herrlichen Freistoßtor. Nach 26 Minuten steht es 3 : 0 gegen den deutschen Meister. Ein Wunder!

Gravierend die gewonnenen Zweikämpfe: Linksverteidiger Forstinger

demontierte einen gewissen Simonsen, der zum besten europäischen Fußballer gewählt worden war. Werner Schwarz war von dem berühmten Herrn Bonhof nicht zu bremsen, Oberacher spurtete immer wieder an seinem Bewacher vorbei, obwohl sein Widerpart Berti Vogts hieß.
Jupp Heynckes, der Innsbruck schon einmal k. o. geschossen hatte, der die letzte Saison für Gladbach spielte, um dann Trainerassistent zu werden, diesen Heynckes brachte Trainer Udo Lattek ins Spiel. Libero Wittkamp blieb zur Pause in der Kabine; Heynckes kam, Wohlers wanderte in die Abwehr. Das bedeutete: Die Deutschen setzten alles auf eine Karte. Mit Heynckes wurden sie gefährlicher, kurbelten und versuchten die Ausgangsposition fürs Rückspiel mit aller Gewalt zu verbessern.
Dieser am 9. Mai 1945 geborene Heynckes, der einen Tag nach dem Ende des Zweiten Weltkrieges zur Welt kam, war nur noch Notnagel bei den Borussen. Verletzungen zwangen ihn früher als geplant Abschied vom Rasen zu nehmen. Im Tivoli-Stadion war er durch seinen Torinstinkt, durch seine Übersicht und Kaltblütigkeit noch immer gefährlich, auch wenn ihm die Rasanz früherer Zeiten fehlen mochte. Jupp Heynckes enttäuschte Lattek nicht, drückte in der 65. Minute eine Wimmer-Flanke zum 1 : 3 ein.
Hinzuzufügen ist noch, daß Dribbelkönig Kurt Welzl bereits in den ersten Minuten einen Elfmeter an die Stange geschossen hatte und dann allein vor Kleff an dem Borussen-Keeper gescheitert war.
In Mönchengladbach verwandelte beim Rückspiel Rainer Bonhof einen Elfmeter zum 1 : 0, Jupp Heynckes erhöhte in der 32. Minute auf 2 : 0. Es war das letzte Tor von Bedeutung im Fußballerleben des 39fachen Internationalen. Für die Innsbrucker aber hieß es trotz des 3 : 3-Gesamtstandes Abschied vom Meistercup nehmen. Das Auswärtstor der Gladbacher war entscheidend. 3 : 3 und dennoch aus, das war bitter. Ein Wunder fast, wie großartig die Innsbrucker gespielt hatten, doch letztlich benötigten die Gladbacher ein Wunder, um das Semifinale zu erreichen. Denn besser waren in diesen beiden Begegnungen erstmals die Tiroler gewesen.

Wunderbarer Baumgartner

Herbert »Schneckerl« Prohaska ruft im Semifinalspiel Austrias im Praterstadion gegen Dynamo Moskau Erinnerungen an seine großen Vorfahren wach: Er dribbelt elegant durch die Reihen der Russen, er verteilt Paßbälle nach Wunsch, und im Gegensatz zu früheren Zeiten versteht er auch mit der Beinschere umzugehen. Dieser violette »Schneckerl« ist ein Kämpfer geworden.
Eigentlich kam der Vorstoß der Violetten ins Semifinale des Europacups

unerwartet, denn die Wiener hatten vorerst wenig zu bieten. 0 : 0 in Wien gegen Kaschau, 1 : 1 auswärts. Daraufhin in Wien 1 : 1 gegen Hajduk Split, 1 : 1 in Split. Baumgartner, er hatte in Split bereits während der regulären Spielzeit einen Penalty von Rukljak abgewehrt, war beim Elfmeterschießen neuerlich unbezwingbar, wehrte Schüsse von Jerkovic und Cop ab und da Parits, Prohaska und Drazan glatt verwandelten, stieg Austria ins Semifinale auf.
Ein Traum war Wirklichkeit geworden. Seit anno 1961, als Rapid im Meistercup-Semifinale (0 : 3 und 1 : 1 gegen Benfica Lissabon) gewesen war, lautete die Forderung: Endlich wieder einen Verein unter die letzten Vier bringen.
Austria war dort.
Am 29. März 1978 mußte das erste Semifinalspiel ausgetragen werden. Wegen Väterchen Frost flüchteten die Dynamo-Spieler von Moskau nach Tiflis. Die Österreicher hatten stets gegen die konditionsstarken Sowjets gut abgeschnitten, kamen auch diesmal gut über die Runden, denn das 1 : 2 war passabel.
Fürs Semifinalrückspiel setzte die Vereinsführung der Wiener rund 150 000 Schilling Siegesprämie pro Kopf aus. Doch die Gage war nicht die Triebfeder, daß Robert Sara seine Mitspieler nach vorne peitschte, die Violetten waren mit heißem Herzen dabei, sie wollten der Welt beweisen, daß sie besser als der ihnen vorauseilende Ruf waren.
In der 49. Minute legte der Russe Bobnow den früheren Uruguay-Internationalen Julio Morales im Strafraum, Schiedsrichter Antonio da Silva Garrido aus Portugal hatte schon vor Seitenwechsel ein Elfervergehen nicht gepfiffen, nun entscheidet er auf Penalty; Pirkner verwandelt zum 1 : 0. Sieben Minuten später gelang dem quirligen Morales das 2 : 0. Die 70 000 tobten, 2 : 0 bedeutete soviel wie Aufstieg ins Endspiel. Doch in der 89. Minute verstummt das Stadion, Jakubik stellt auf 1 : 2. Somit lautet nach 180 Minuten der Gesamtstand 3 : 3, ein Nachspiel ist erforderlich. 30 Minuten lang keine Änderung, daher ist wieder ein Elferschießen erforderlich. Nach 210 Minuten.
Kasatschonok 1 : 0 für Dynamo
Parits, bester Austria-Stürmer, 1 : 1
Maximenkow 2 : 1 für Dynamo
Pirkner stellt auf 2 : 2
Zereteli erhöht auf 3 : 2.
Prohaska gleicht zum 3 : 3 aus. Und geht über den Rasen, auf die Laufbahn, will in die Kabine. Interessiert ihn der Ausgang des Europacup-Krimis nicht mehr? Nein, im Gegenteil, er hält die Spannung nicht aus, will »weiterblättern«, das Ergebnis wissen, die Spannung ist für ihn unerträglich geworden. Und er ist nicht der einzige; beim Radio kippen einige um, als das Fernsehen zeitverschoben überträgt, gibt es zahlreiche Anrufer, die entgegen den sonstigen Gepflogenheiten den Ausgang des Semifinales erfragen, denn auch ihnen geht's zu brutal zu. Die Zu-

schauer dürfen sich der Spannung entziehen, dürfen wegschauen, überblättern, nur Prohaska kann nicht in die schützende Kabine des Praterstadions flüchten, er wird vom Schiedsrichter zurückgerufen, das Reglement verbietet seinen Abgang.
Der Krimi geht weiter.
Jakubik, er hat in der 89. Minute das für die Russen unbezahlbare 1 : 2 geschossen, ist neuerlich erfolgreich, 4 : 3.
Morales bezwingt Dynamo-Keeper Gontar, 4 : 4. Kommt es auch beim Penalty-Schießen zur Verlängerung?
Bubnow läuft an, Baumgartner hat die Ecke erraten und hält. Hält!!! Es bleibt beim 4 : 4.
Martinez schießt zum 5 : 4 ein. Austria ist im Endspiel des Europacups der Cupsieger, die violetten Helden fahren nach Paris.
Aus dem Helden-Ensemble ragten Keeper Hubert Baumgartner und der Südamerikaner Alberto Martinez noch heraus. Ohne diesen wunderbaren Elfmeterkiller Hubert Baumgartner wären die Wiener nicht nach Paris gekommen und ohne Martinez, der die Nerven behielt, als die Entscheidung allein auf seinen Schultern lag, hätten es die Violetten auch nicht geschafft.
Das Endspiel gegen den belgischen Star-Klub Anderlecht ging in Paris 0 : 4 verloren. Die Belgier waren zu clever, zu gerissen, wiederholten ihren Europacupsieg von 1976, als sie Westham mit 4 : 2 geschlagen hatten. Es gab einige wenige, die meinten, es wäre für Austria besser gewesen, schon vorher auszuscheiden, anstatt 0 : 4 zu verlieren. Abgesehen davon, daß das 0 : 4 die Verlierer weiterbrachte, die Lehren, so bitter sie waren, den Austrianern auf ihrem Weg nach oben nützten, so kann den Saras, Pirkners, Prohaskas doch keiner die Auszeichnung, Europacupfinalist gewesen zu sein, wegnehmen. Das 0 : 4 war nämlich nicht eine Folge krasser Unterlegenheit, sondern eher mangelnde Kaltblütigkeit. Mit heißem Herzen waren die Violetten ins Verderben gestürmt, den tödlichen Konterschlägen von Rensenbrink und Kollegen ausgeliefert. Die Austrianer waren zu sehr Amateure, zu sehr Liebhaber ihres Metiers. Und das ist beileibe keine Schande.
Fortan heißt es nicht mehr, einmal ins Semifinale des Europacups kommen, sondern: Das Endspiel erreichen! Wie Austria anno 1978.

Von Stamford Bridge 1931 bis Wembley 1965

Wunderteam I, Wunderteam II, ein Wunder

Der Sekretär des Österreichischen Fußballbundes hatte seinen Schreibtisch im Verbandsheim in der Wiener Berggasse, gleich neben dem Wohnhaus von Sigmund Freud; der Fußballfeldherr residierte im Ringcafé: Hugo Meisl, dessen Insignien Melone und Spazierstock waren, hatte einen Weitblick, der über viele Jahrzehnte hinausging. Als die erste Weltmeisterschaft aus der Taufe gehoben wurde, war er dabei; er hatte in Österreich den Professionalismus eingeführt; der Mitropacup, der populärste Bewerb der Zeit zwischen beiden Weltkriegen, war seine Schöpfung; das Wunderteam ebenso. Geboren am 18. November 1881 in Mähren, war der Hauptmann des Ersten Weltkrieges, der Fußballdiplomat, der Macher des österreichischen Fußballs. Erst seine Ideen machten es möglich, daß Österreich zur Großmacht des Fußballs wurde.

Der letzte große Erfolg einer von Herrn Hugo (so nannten ihn die Spieler) betreuten Mannschaft ist mit dem 6. Mai 1936 datiert, als Österreich im Praterstadion vor 60 000 England 2 : 1 besiegte. Es war der erste Sieg einer österreichischen Mannschaft über den Lehrmeister.

Am 17. Februar 1937 erlag Hugo Meisl im 56. Lebensjahr einem Herzschlag. Der letzte, der mit dem Verbandskapitän gesprochen hatte, war der junge Vienna-Stürmer Fischer, der zufällig im Verbandsheim gewesen war. 1938 blieb Hugo Meisl erspart.

Das Wunderteam ist schon lange Legende. Legende auch die Geschichte seiner Entstehung. »Nazl« Brum, Redakteur beim »Journal«, erzählte sie so: Es war in den Maitagen des Jahres 1931, Hugo Meisl, seine Runde und die Journalisten debattierten im Ringcafé über das bevorstehende Länderspiel gegen Schottland. Die »Schmieranskis«, wie die Journalisten von Meisl apostrophiert wurden, forderten den Verbandskapitän immer wieder auf, es noch einmal mit Sindelar als Mittelstürmer und Gschweidl als Verbinder zu versuchen. Schließlich sei es Meisl zu bunt geworden und er warf den Journalisten einen Zettel hin mit den Worten, »da habt's euer Schmieranski-Team«. Auf dem Zettel standen die Namen: »Hiden (WAC), Schramseis (Rapid), Blum (Vienna); Braun (WAC), Smistik (Rapid), Gall (Austria); Zischek (Wacker), Gscheidl (Vien-

na), Sindelar (Austria), Schall (Admira), Vogl (Admira). Die elf spielten am 16. Mai 1931 auf der Hohen Warte und schlugen Schottland 5 : 0. Der Geburtstag des Wunderteams.
So und nicht anders soll das Wunderteam Wirklichkeit geworden sein. Richtig ist zweifellos, daß Meisl eine Aversion gegen Sindelar und Gschweidl hatte. Weder gegen den einen, noch gegen den anderen hatte er persönlich etwas, doch gegen Gschweidl-Sindelar im Team sehr wohl. Und gar nicht so grundlos.
Am 6. Jänner 1929 hatte nämlich eine Wiener Mannschaft – identisch mit der österreichischen Nationalmannschaft – in Nürnberg gegen die Auswahl Süddeutschlands 0 : 5 verloren. Mit Sindelar als Rechtsverbinder und Gschweidl als Mittelstürmer. Trotz Schneebodens hatten Sindelar-Gschweidl versucht, auf engstem Raum die Deutschen auszuspielen. Auf der Heimfahrt fluchte Meisl über das »nixnutze Scheiberlspiel«, das schuld an der Blamage sei. Daraufhin meinte Sindelar zu Gschweidl, Meisl mit einem Seitenblick streifend: »Weißt Fritz, warum wir net g'wonnen habn? Wir hätt'n mehr scheiberln müssen.« Worauf Meisl den Schwur tat, nie mehr Gschweidl und Sindelar in ein Team zu stellen.
Österreich schlug Schottland 5 : 0, Deutschland 6 : 0, Deutschland beim Rückspiel in Wien 5 : 0. Da sprachen die Deutschen erstmals vom Wunderteam. Das Wunderteam lieferte viele Traumspiele, das denkwürdigste in Wien war wohl das Match vom 24. April 1932 auf der Hohen Warte gegen Ungarn. Die Ungarn setzten in diesem Spiel die Österreicher unter Druck und Tormann Hiden mußte sein ganzes Können aufbieten, um sein Tor reinzuhalten. Die Halvesreihe Braun-Hoffmann-Nausch war mit Dekkungsaufgaben überlastet, der Angriff erhielt keine brauchbaren Bälle. Da ging Rechtsverbinder Fritz Gschweidl in die Etappe zurück, löste Abwehraufgaben und brachte aus zurückgezogener Position Sindelar, Schall, Vogl in Front. Hirnfußballer Gschweidl hatte instinktiv das Richtige erkannt und getan. In der entscheidenden Phase war es gelungen, den Ansturm der Magyaren abzufangen und die Feldherrschaft zu übernehmen.
Das Spiel wurde zu einem Triumph wienerischen Fußballs. Matthias Sindelar, der »Papierene«, wie ihn die Zuschauer nannten, dieses zerbrechlich ausschauende Manderl, ließ die grimmigen ungarischen Verteidiger immer wieder leerlaufen, schuf mit seinen Körpertäuschungen seinen Kameraden freie Bahn: Toni Schall profitierte am meisten von »Sindi« und schoß vier Tore. Doch Sindelar selbst war nicht nur als Angriffsführer entfesselt, sondern wurde auch zum Goalgetter: Dreimal bezwang er Keeper Szabo. Es war der Hattrick. Tor Nummer 8 steuerte Fritz Gschweidl bei. Die Magyaren wurden 8 : 2 besiegt. Sindelar hat viele Superspiele geliefert, doch selten war er so erfolgreich wie bei diesem Triumph über Ungarn.
Zum größten Spiel des Wunderteams aber machten die Experten eine Niederlage: Das 3 : 4 vom 7. Dezember 1932 in Stamford Bridge gegen

England. Lehrmeister England gegen das Wunderteam, das war mehr als ein Länderspiel, es ging praktisch um die Weltherrschaft, denn nach den Sensationserfolgen mußten die Briten diese Emporkömmlinge vom Kontinent, bei denen die Fußballwelt in Verzückung geriet, stoppen und ihnen den Herrn zeigen. Deshalb die Einladung, die damals einer Auszeichnung gleichkam. Das Wembley-Stadion gab es auch schon, doch das blieb dem englischen Cupfinale vorbehalten, für die Gäste war auch Stamford Bridge eine Ehre. Die Engländer verharrten in ihrer »Splendid Isolation«, doch dieses Wunderteam, das in eineinhalb Jahren von 18 Spielen 15 gewonnen und dreimal unentschieden gespielt hatte, machte auch auf die kühlen Briten Eindruck. (Inoffizielle Länderspiele mitgerechnet.)

Österreich war nach Belgien (1923, englischer 6 : 1-Sieg) und Spanien (1931, englischer 7 : 1-Sieg) die dritte Mannschaft des Kontinents, die in der langen englischen Länderspielgeschichte, die 1872 beginnt, nach London geladen wurde. An diesem 7. Dezember 1932 vermerkten die Chronisten, was später bei bedeutenden Matches zur Gepflogenheit wurde: Ein Spiel beherrschte die Menschen. Während in London Prince of Wales, FIFA-Präsident Jules Rimet und Fußballfachleute aus ganz Europa registriert wurden, brachte das Match selbst in der österreichischen Hauptstadt das gewohnte Leben in Unordnung. Der 7. Dezember 1932 war ein Mittwoch, die Menschen hockten in den Cafés um den Radioempfänger, selbst im Parlament wurde den Abgeordneten der Spielstand übermittelt.

Linksaußen Vogl machte eine Knöchelverletzung zu schaffen und seine Mitwirkung galt lange für unsicher. Erst vor dem Spiel entschloß sich Hugo Meisl, Vogl und den an einer Magenverstimmung leidenden Gschweidl spielen zu lassen. Von jener Mannschaft, die eineinhalb Jahre vorher Schottland 5 : 0 geschlagen hatte, waren Schramseis, Blum und Braun nicht mehr dabei, sie hatten dem Verteidigerpaar Rainer-Sesta Platz gemacht, rechter Läufer spielte Walter Nausch.

Es begann für die Engländer so, wie es die Lehrmeister prophezeit hatten: Der britische Fußball bestätigte seine Überlegenheit. Nach 27 Minuten führten die Gastgeber 2 : 0 und als die Mannschaften zur Pause in die Kabine gingen, schien es, als würde es auch der dritten kontinentalen Mannschaft in London nicht besser gehen als zuvor den Belgiern und den Spaniern. Doch nach Seitenwechsel zeigte sich, daß das Wunderteam diesen Titel zu Recht trug. Sindelar und Schall gingen durch die Reihen der Engländer, der Mittelstürmer legte Zischek auf – die Österreicher hatten auf 1 : 2 aufgeholt.

Wieder zogen die Engländer davon, ein Freistoßball von Houghton wurde von der Mauer abgefälscht, 3 : 1 für die Haus- und Lehrherren. Aber nun war es nicht mehr so wie vor Seitenwechsel, es war schon lange ein erbittertes Ringen geworden. In der 80. Minute kam auch das Rezept von Radiosprecher Willy Schmieger zu Ehren: Vogl-Schall,

Schall-Vogl – Tor. Doch nicht Vogl schoß es, sondern Sindelar übernahm seine Flanke, ließ noch zwei sich ihm entgegenstürzende Engländer aussteigen und erzielte das 2 : 3. Rechtsaußen Crooks das 4 : 2, in der 87. Minute köpfelte Zischek einen Corner von Vogl zum 4 : 3 ein. Erste Niederlage des Wunderteams? In der Schlußminute hatte Vogl nach herrlichem Sololauf die Möglichkeit auszugleichen, vergab aber die Chance. Experten waren der Ansicht, ein Vogl vor seiner Verletzung hätte das 4 : 4 geschossen.

Dennoch: Das 3 : 4 wurde als Erfolg in der gesamten Fußballwelt gefeiert. Nach diesem Spiel hieß es selbst in der englischen Presse, nie zuvor habe die Welt solchen Fußball gesehen. Zwei Meister der Taktik wie der Technik seien am Werk gewesen.

Die Österreicher wurden mit Applaus überschüttet, nach diesem 3 : 4 verkündeten Wiener Zeitungen »das Ziel ist erreicht«.

Das war der Höhepunkt des Wunderteams. Auf der Heimreise, vier Tage später, mußte Belgien in Brüssel die Überlegenheit des Wunderteams anerkennen: 6 : 1. Am 10. April 1933 war das Wunderteam Vergangenheit, in Wien siegte die Tschechoslowakei mit 2 : 1 über Österreich. Die offizielle Serie des Wunderteams von zwölf Siegen, zwei unentschiedenen Ergebnissen und einer Niederlage war beendet. Mit diesem 1 : 2 gegen die Tschechen war die Zeit dieser Wundermannschaft abgelaufen. Doch auch nach dem 1 : 2 ging es erfolgreich weiter, Österreich blieb in weiteren zwölf Länderspielen ungeschlagen, unterlag erst bei der WM 1934 Italien 0 : 1.

Mit dem Titel Wunderteam wurde in der Folge oft Schindluder getrieben, denn das Wunderteam war einmalig, das Produkt von Hugo Meisl; das Wunderteam waren Hiden, Sesta, Smistik, Sindelar, Schall, Nausch, die einmaligen Sieger. Nach dem Krieg, die Generation Ocwirk, Hanappi, Zeman, Happel, sie kam dem Wunderteam am nächsten, hatte auch mit dem dritten Platz in der Schweiz den größten Erfolg aller österreichischen Teams bei Weltmeisterschaften. Die Bezeichnung Wunderteam fiel nie. Es mußten schlechtere Fußballzeiten kommen, um Erinnerungen ans Wunderteam wachzurufen, schließlich wurden es Vergleiche, fiel gar der Name Wunderteam II.

Karl Decker, Vollblutstürmer bei Vienna, 1943 mit den Döblingern deutscher Pokalsieger, 25 Teamberufungen, achtmal in der deutschen Nationalmannschaft, hatte seine Karriere bei Sturm-Graz und in Frankreich beendet, nach der WM 1958 wurde er provisorisch zum Teamchef bestellt. Am 5. Oktober 1958 betreute er erstmals die Nationalmannschaft, die in Wien 1:2 gegen Frankreich verlor. Das zweite Spiel brachte ein überaus achtbares Resultat, das Ländermatch von Berlin

endete 2 : 2, wobei die Österreicher 2 : 1 führten, ehe kurz vor Schluß Helmut Rahn die Sensation verhinderte.
Weshalb von einem Wunderteam II gesprochen wurde, lag an der wunderbaren Serie, die die von Karl Decker betreute Nationalelf aufstellte. Es waren vom 29. Mai 1960 bis zum 9. Oktober 1961 zehn Spiele, von denen neun gewonnen und nur eines verloren wurde, Tordifferenz 22 : 9. Die Niederlage setzte es in Budapest.
Der Anfang wurde am 29. Mai 1960 im Praterstadion gegen Schottland gemacht. Eine Parallele somit zum Meisl-Team. Die Schotten wurden regelrecht deklassiert. Im Tor feierte Walter Zeman ein Comeback. Seit dem Spiel gegen Deutschland bei der WM 1954, dem 1 : 6 von Basel, war der Rapid-Keeper nicht mehr ins Team berufen worden. Jetzt holte ihn Decker. Aber der Tiger und Panther gehörte der Vergangenheit an, trotz des hohen Sieges gab es keine Fortsetzung seiner Teamlaufbahn. Ein anderer Rapidler, Gerhard Hanappi, Diplomingenieur im Zivilberuf, bewies auch auf dem Spielfeld seine Fähigkeiten als Konstrukteur und plante mit Erich Hof und Pepi Hamerl derart verwirrende Züge, daß es für die Schotten kein Entrinnen gab. Zu Tode gehetzt, unterlagen sie 1 : 4. Mit zwei Toren bewies Chefkonstrukteur Hanappi auch die nötige Durchschlagskraft, während Erich Hof ebenfalls zwei Tore beisteuerte.
Siege über Norwegen (2 : 1) und die Sowjetunion (3 : 1) folgten. Mußsiege, selbstverständlich. Denn wer, bitte, ist schon Norwegen im Fußball? Oder die UdSSR? Nun, daß Österreich bei der WM 1958 den Sowjets klar unterlegen war, das war längst vergessen.
Der 30. Oktober 1960 brachte das Länderspiel gegen Spanien. Es war der Tag, an dem das Patent für die weiteren Erfolge gefunden wurde. Wozu man wissen muß: Karl Decker war kein Stratege und Feldherr wie einst Herr Hugo (Meisl). Nicht Spazierstock und Melone waren seine Insignien, sondern »Packl« und Trainingsanzug. Decker war beim Training der Vorturner, der Scharfschütze, der die Kiebitze begeisterte – wie später Helmut Senekowitsch, der zum Decker-Team als Spieler gehörte. Karl Dekker ersann auch nicht im stillen Kämmerlein eine Taktik, sondern diskutierte mit den anderen Karls (Stotz und Koller) über die Abwehrmethoden. Und dabei wurde geboren: daß der Stopper (Stotz) eine Unterstützung brauchte (Koller), während Hanappi und Senekowitsch das Bindeglied zum Angriff sein sollten. Das heißt, Österreich stellte auf 4-2-4 um, drei Jahre, nachdem bei der WM 1958 die Brasilianer dieses System kreiert hatten.
Di Stefano, Suarez, Santamaria, Gento, jeder ein Fußballgott in Spanien, sie alle wurden entzaubert, ausgespielt und 3 : 0 geschlagen. Die 91 000 Zuschauer jubelten, die 91 000 bedeuten auch Stadion-Besucherrekord, der nie mehr überboten werden wird, da nachher der Umbau auf Erweiterung der Sitzplätze erfolgte, das Fassungsvermögen auf 72 600 reduziert wurde. Hervorragende Zensuren erhielten Stotz, Hanappi, Koller. Neuling Trubrig (LASK) als rechter Außendecker avancierte zum Fixstarter,

so gut fügte er sich ins Team ein. Der Neuling auf dem Rechtsaußenposten, Horst Nemec, war eine weitere Entdeckung. Austria-Mittelstürmer Nemec mußte auf den Flügel ausweichen, da mit Hof und Buzek bereits zwei Mittelstürmer gegeben waren, Decker auf Grund der Klasse von Hof und Buzek auf keinen der beiden verzichten wollte, Nemec, Hof und Senekowitsch schossen die Tore gegen die Spanier. Das 4-2-4-System war ein Volltreffer, Berichterstatter sprachen von der neuen Wiener Schule. Ein 2 : 1 in Neapel über Italien (mit den WAC-Leuten Pichler im Tor, und Torschützen Kaltenbrunner), ein 3 : 1 in Wien über England haben natürlich Gewicht. Doch was das Decker-Team wirklich wert war, sollte sich am 11. Juni 1961 in Budapest zeigen.
Wieder rollten ein paar tausend Österreicher nach Budapest, besetzten Matthias-Keller und die einschlägigen Lokale in der Innenstadt, tranken den süffigen Plattenseer oder den schweren Tokayer, und gaben sich wie der reiche Onkel aus Amerika. Für die Gastgeber revanchierten sich die Kinder, die den Österreichern, wo immer sie auftauchten, einige Finger entgegenstreckten. 2, 3, 4 Tore.
Österreich gegen Ungarn, dieses Spiel ist so alt wie der Fußball in beiden Ländern. Die Auseinandersetzungen hatten schon begonnen, als beide noch in der Monarchie vereinigt waren. Der Fußball in beiden Ländern ist ähnlich, der Stil der einen unterscheidet sich nicht sonderlich von dem des anderen. Da mehr Gemütlichkeit, dort mehr Paprika, doch sonst Ballverliebtheit, Balltechnik, Spielverständnis auf beiden Seiten.
Paprika hatte auch gefehlt, als das Decker-Team 1960 in Budapest 0 : 2 unterlegen war. Nach sehr guter Leistung. Nemec war der Unglücksrabe gewesen, der eine Viertelstunde vor Schluß beim Stande von 0 : 0 nach einer Grosics-Abwehr (Schuß von Erich Hof) nicht energisch genug attackiert und den Führungstreffer vergeben hatte. Im Gegenstoß fiel dann das 1:0 für die Ungarn. Das 2:0 erzielten die Magyaren in der 91. Minute.
An diesem 11. Juni 1961, an diesem wunderschönen Sommertag in Budapest, aber machte Horst Nemec seinen Fehler vom Vorjahr gut. Der Austrianer hatte nach Steilpaß von Rafreider Tormann Grosics bereits ausgeschaltet, doch die beiden Abwehrspieler Dalnoki und Solymosi standen auf der Linie, und als Nemec schoß, bugsierten sie den Ball wieder ins Feld zurück. Nemec aber warf sich nochmals mit seinem ganzen Gewicht ins Getümmel, legte all seine Kraft hinein, beseelt vom Willen, es diesen Ungarn doch einmal zu zeigen. Und als Dalnoki und Solymosi (auch Grosics hatte versucht nochmals abzuwehren) den Ball wieder herausbrachten, hatte er bereits die Linie überschritten. Einen halben Meter. Schiedsrichter Dienst aus der Schweiz, aus nächster Nähe den Ansturm von Nemec verfolgend, gab sofort Tor. Es war das 2 : 1 für Österreich, denn in der 15. Minute schon hatte Rafreider das 1 : 0 geschossen, Göröcs in der 16. ausgleichen können.
36 Minuten waren noch zu spielen, 36 Minuten verteidigten die Österrei-

cher ihren Vorsprung. Durch Ballhalten und Spielverzögerung, durch Können und Kampfgeist errangen sie den ersten Sieg auf Budapester Boden seit Wunderteamzeiten. 29 Jahre waren vergangen, seit Österreicher in der ungarischen Hauptstadt 3 : 2 gewonnen hatten. Ein Grund mehr, von einem Wunderteam II zu sprechen. Die Sieger von Budapest in 4-2-4-Formation (damals in fast allen Zeitungen noch in 3-2-5, also WM-System, genannt): Fraydl; Trubrig, Stotz, Koller, Strobl; Hanappi, Senekowitsch; Nemec, Hof, Buzek, Rafreider.

Der Walzer hatte endlich einmal über den Csardas triumphiert. Diese Österreicher aber waren nicht mehr die Walzertänzer vergangener Jahre, denn Walzer, das bedeutet nach dem Wiener Musikkritiker Franz Endler »ganz ohne Fortschritt kreisend, mit größtem Schwung auf der Stelle verharrend, mit unwiderstehlichem Zwang zur Sinnlosigkeit anregend. Dabei voll Schönheit . . .«

Die österreichischen Fußballer hatten lange genug Walzer getanzt, kreisend ohne Raumgewinn, voller Schönheit an Ausnahmetagen. Als die große Serie dieser Decker-Mannschaft zu Ende ging, verfielen die Tänzer wieder in den alten Trott. Doch noch einmal wurden die Walzertänzer zu Walzerkönigen, legten einen fulminanten Tanz auf den Rasen, bei dem pausenloser Regen für Abkühlung sorgen sollte.

Am 8. Oktober gleichen Jahres kamen die Magyaren nach Wien zur Revanche. Statt Senekowitsch, der nach Spanien zu Betis Sevilla abgewandert war, spielte Knoll, statt Strobl Hasenkopf. Adi Knoll und Erich Hof, die beiden Sportklub-Stürmer, wechselten in der Senekowitsch-Rolle ab, einmal war Hof zurückgezogen, dann Knoll. Eine Variante, die zweifellos nur bei einem so gut eingespielten Tandem möglich war.

Die Magyaren stürmten überfallsartig. Decker hatte Weisung gegeben, das Tempo zu drosseln. Tempobremse war bereits damals das Schlagwort, der große Trick. Unglücklicherweise wurde Stopper Stotz in der 35. Minute verletzt und schied aus. Koller nahm seinen Posten ein, Sportklub-Läufer Oslansky kam aufs Feld. Erich Hof wurde zum großen Regisseur, er war ja ein genialer Fußballer Wiener Prägung. Dieser Rudi Oslansky aber galt zwar als guter Fußballer, der jedoch im Verein weit wertvoller war denn bei sporadischen Teameinsätzen.

Gegen die Ungarn lieferte Oslansky das Spiel seines Lebens, erzielte zur Krönung in der 81. Minute mit einer Bombe aus 25 m das vielbejubelte Siegestor. Die größte Partie im Fußballeben des Rudolf Oslansky, zugleich das letzte große Spiel dieser Decker-Mannschaft, die folgendes Aussehen hatte: Fraydl; Trubrig, Stotz (Koller), Hasenkopf; Hanappi, Koller (Oslansky); Nemec, Knoll, Hof, Buzek, Rafreider.

Am 19. November 1961 endete diese Serie in Agram, siegten die Jugoslawen 2 : 1. Österreich war die beste Mannschaft des Jahres 1961, was in internationalen Fachzeitschriften zum Ausdruck kam, die Decker-Elf schien in den Ranglisten an führender Stelle auf.

Es fragt sich, ob heute solche Erfolgsserien überhaupt noch möglich sind. Einmal wird die Ausgeglichenheit immer größer, da die neuesten Erkenntnisse und Trainingsmethoden auch in den fernsten Winkel dringen. Die bei einer WM gezeigte Fußballmode wird sogar vom Dorfverein kopiert, obwohl weder Spielermaterial noch Trainingsmethoden dem großen Vorbild auch nur in der Relation angepaßt sind. Heute wäre es unmöglich, daß ein neues System drei Jahre bis nach Österreich braucht. Verhindert also einmal Nivellierung lange Erfolgsserien einer Mannschaft, so bleiben zum anderen die großen Teams auch nicht mehr über Jahre hinweg beisammen, da der Fußball heute internationaler denn je zuvor, der Argentinier sogar in England Gastarbeiter ist. Was auf der Insel vor gar nicht so langer Zeit als Blasphemie gegolten hätte.

Die längste und eindrucksvollste Erfolgsserie hat zweifellos Ungarn aufgestellt. Die Magyaren waren vom 4. Juni 1950 (5 : 2 in Warschau über Polen) bis zum 4. Juli 1954 in Bern (2 : 3 gegen Deutschland) ungeschlagen. Ungeschlagen in 32 Länderspielen. Nie zuvor hat es derlei gegeben, nie mehr wird es solches geben. Am 25. November 1953 gelang diesem Team Einmaliges, schlugen Grosics, Bozsik, Puskas, Kocsis, Hidekuti und all die anderen England im Wembleystadion 6 : 3. Es war die erste Niederlage Englands auf eigenem Boden durch ein nichtbritisches Team. Als die Briten im Mai des folgenden Jahres zur Revanche nach Budapest fuhren, wurden sie gar mit 7 : 1 vom Rasen des Nepstadions geschossen. Im Jahre 1961 schlugen die Schweden die Engländer 3 : 2 auf dem Rasen des Wembley-Stadions, wo Fußball nicht gespielt, sondern zelebriert wird. Und die dritte Mannschaft, der dieser Triumph gelang, war Österreich. Kein Wunderteam, einfach ein Wunder.

Es war am 20. Oktober 1965, nicht einmal acht Monate vor Beginn der Weltmeisterschaft 1966, als Österreich in Wembley antrat. Das Match war auf Wunsch der Briten zustandegekommen, die ihre Mannschaft einem Test unterziehen wollten. Den Österreichern paßte das Match nicht in den Terminkalender (11 Tage nach Stuttgart, 4 : 1 für Deutschland; 11 Tage vor dem WM-Qualifikationsspiel gegen die DDR in Leipzig), doch sie akzeptierten. Aus Gründen der Höflichkeit, einem Lehrmeister gibt man schließlich keinen Korb.

Die Engländer hatten in den letzten zehn Spielen fünfmal gewonnen, fünfmal unentschieden gespielt.

Die Schlagzeilen vor dem Spiel lauteten demnach: »Eine knappe Niederlage wäre schon ein Erfolg«, »Wir wollen in Wembley lernen«, »Nur kein Debakel«.

Der Beginn war ganz schlimm, bereits in der dritten Minute schoß Manchester-United-Star Bobby Charlton das Führungstor. Stopper Frank

Austria im Mitropacup: Sindelar gegen die Ujpest-Abwehr. Die Violetten gewannen zweimal den meistumkämpften Bewerb der Zwischenkriegszeit, den Mitropacup: 1933 im Finale gegen Ambrosiana Mailand, 1936 gegen Sparta Prag.

Ernstl Melchior bombt auf das Tor von Kaiserslautern; der deutsche Meister 1953 wird am 9. September 1953 in Wien 9:2 deklassiert.

Mit Fritz und Otmar Walter, mit Kohlmeyer, Liebrich, Eckel standen fünf Mann von Kaiserslautern in jener Elf, die 1954 in der Schweiz Österreich 6:1 schlagen und Weltmeister werden sollte. Die WM-Sieger: F. Walter, Turek, Eckel, Rahn, O. Walter, Liebrich, Posipal, Schäfer, Kohlmeyer, Mai, Morlock.

Happel jun. als Kühlerfigur mit Papa Happel im Jahre 1956. Ernst Happel, wieder aus Paris zurückgekehrt, war der Stolz von Hütteldorf, der große Fußballstar. Gegen Real Madrid schoß er im November 1956 drei Tore.

Alonso faustet vor Hansi Riegler (oben). Im Bild links wird debattiert. Körner II im »Gespräch« mit Munoz. Rapid besiegte in Wien Real 3:1, hatte in Madrid 2:4 verloren. Hätte damals schon die Auswärtstorregel gegolten, Rapid wäre aufgestiegen. So gab es ein drittes Spiel, das in Madrid 0:2 verlorenging.

Pepi Hamerl, der schlaksige Linksverbinder des Wiener Sportklubs, war gegen Juventus Turin entfesselt – vier Tore beim 7:0.

Der größte Erfolg des Wiener Sportklubs war der 7:0-Europacupsieg im Jahre 1958 gegen Juventus Turin (Auswärtsspiel 1:3). Es ging bei diesem Traumsieg nicht ohne rüde Einlagen der Italiener ab. Am Boden Hamerl.

Am 31. Oktober 1961 traf Meister Austria im Europacup auf Benfica. Mittelstürmer Aguas hechtet nach dem Ball, 1:0! Endresultat 1:1.

Rapid Wien erreichte 1961 das Semifinale des Europacup. Im Viertelfinale wurde Wismut-Chemnitz ausgebootet. Rechts: Kapitän Hanappi.

Im Semifinale trafen die Rapidler auf Benfica Lissabon. Es gab wüste Szenen, Scherben, schließlich wurde das Match mit 1:1 beglaubigt.

CINZANO

Die beiden Herren sind in diesen Tagen weltbekannt, Reisende in Sachen Fußball. Benficas Stürmerstar Eusebio und Abwehrstratege Germano. Im Bild daneben Neu-Austrianer Aguas – jener von Benfica – und der Stopper der Violetten, Heinz Binder.

José Aguas bei der Äpfelfrau. Der Portugiese wurde völlig überraschend von Austria verpflichtet und – enttäuschte bei den Violetten.

Wieder einmal ist Real Madrid in Wien, wieder Rapid der Gegner: Und die Hütteldorfer siegten am 21. November 1968 mit 1:0. Kopftor von Kaltenbrunner (nicht im Bild), Poldl Grausam (rechts) jubelt, Real ist geschlagen.

Rapid verliert in Madrid 1:2 und steigt durch das Auswärtstor von Johnny Bjerregaard (unser Bild) in die nächste Runde auf (1:0 in Wien).

Ersatzbank von Meister VÖEST gegen Barcelona. Pech für die Linzer, daß auch Keeper Rettensteiner (links) zuschauen muß. Im Bild darunter wird Johan Cruyff von Kottan (rechts) attackiert. Resultat in Linz 0:0.

Gegen Eintracht Frankfurt war Endstation für Sturm. Bild rechts ein Duell zwischen Eintracht-Kapitän Grabowski und dem Grazer Zamuth. Eintracht siegte am 2. März 1976 in Graz mit 2:0 Toren.

Wirth, Muftic, Steiner jubeln nach dem 1:1 von Sturm Graz in Szombathely. Damit ist Sturm im UEFA-Cup unter den letzten acht Mannschaften.

Das Erfolgs-Duo von Sturm Graz: Trainer Schlechta und Sturm-Chef Gert. Sturm-Funktionär Gert erlag bald darauf einer heimtückischen Krankheit. Bild unten: Zamut gegen den Frankfurter Neuberger.

Mönchengladbach gegen Innsbruck, die Tiroler erreichten am Bökelberg ein 1:1, Koncilia hielt (fast) alles. In Innsbruck aber hieß es 6:1 – für die Deutschen.

1977/78 war das Fußballjahr der Wiener Austria: Die Violetten drangen ins Finale des Europacups vor. Freude und Jubel nach dem Sieg im Semifinale über Dynamo Moskau. Von links: Obermayer, Baumgartner, Prohaska.

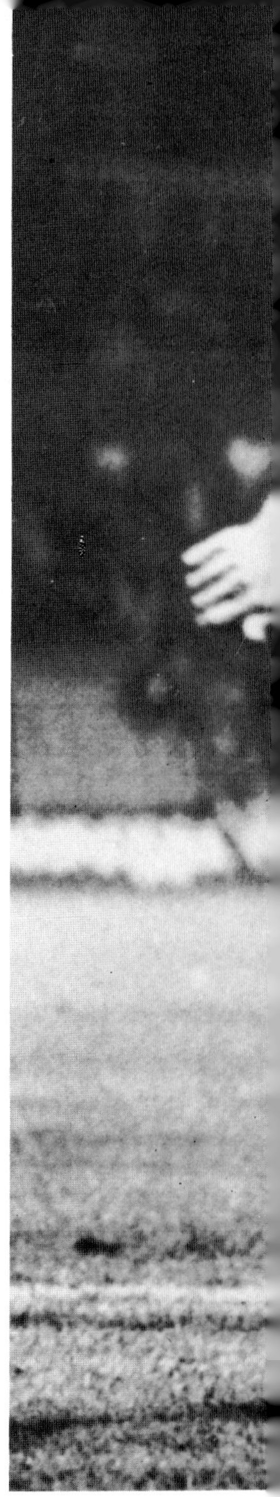

UEFA-Cup-Teilnehmer LASK geht in Budapest gegen Ujpest-Dozsa 0:7 unter. Köglberger (links) gegen Dunai III.

Auch Rapid startet im UEFA-Cup und übersteht die erste Runde nicht. Gallos kommt gegen Barmos (links) zu spät. In Wien gewannen die Hütteldorfer wohl 1:0, doch in Preßburg siegte Inter klar 3:0.

ZAGR
UTEKS
DERE

Gasselich macht ein Köpflmatch gegen Jerkovic. Endstand nach 90 Minuten und Verlängerung 1:1. Austria gewann das Elfmeterschießen 3:0.

Im Weststadion gegen Kaschau nur 0:0 Obermayer gegen Josza. Links Baumeister als Beobachter. Doch Aufstieg nach dem 1:1 von Kaschau.

Meister SSW Innsbruck startete 1977 im Europacup sensationell: 3:1-Sieg in Basel. Pezzey gegen den Schweizer Keeper und Basel-Kapitän Munschin.

In Glasgow kämpft Welzl (Mitte) trotz der bekannt rauhen schottischen Luft bravourös. Die Innsbrucker zeigten eine große Leistung, verloren gegen Celtic nur 1:2 und hatten eine gute Ausgangsposition fürs Rückspiel in Salzburg.

Das Tivoli-Stadion in Innsbruck war für den Europacup gesperrt, weshalb die Tiroler Meisterelf nach Salzburg auswich. Die Innsbrucker (im Bild hinter dem Schotten W. Schwarz) triumphierten 3:0 über den berühmten Gegner.

Welzl, Peter Koncilia und Oberacher jubeln, Hannes, Bonhof, Wittkamp sind am Boden zerstört. Koncilia erzielte bereits in der 7. Minute das Führungstor. Nach 26 Minuten lagen die Gladbacher gar 0:3 zurück.

Dieses Tor von Jupp Heynckes (65. Min.) sollte Mönchengladbach noch den Aufstieg in die nächste Europacuprunde sichern. Koncilia hatte gegen den Schuß des deutschen Goalgetters keine Chance. 3:1 für Innsbruck.

Pezzey in allen Gassen am Bökelberg. Durch Tore von Bonhof (Elfer) und wiederum Heynckes hieß es 2:0 für die Deutschen, die durch das Auswärtstor den Aufstieg in das Semifinale des Meistercups schafften.

90 Minuten sind gespielt, gegen Dynamo Moskau ist keine Entscheidung gefallen. Trainer Stessl spricht zu Obermayer, Josef Sara und Baumeister.

Auch die Verlängerung brachte kein Resultat. Elferschießen. Im Bild oben hält Baumgartner den Schuß von Bubnow, es bleibt beim 4:4. Bild darunter: Martinez bezwingt Gontar, 5:4 für Austria, das Finale ist erreicht.

Das Unternehmen Endspiel rollt an, Schlachtenbummler posieren in Wien vor der Kamera. Austria-Fahnen werden in Paris gehißt, Wiener Laute in den Bistros des Endspielortes (Bild unten).

Mit der guten Stimmung der Schlachtenbummler ist es bald vorbei. Die Austrianer (Prohaska am Ball gegen Nielsen) spielen viel zu offensiv, die Konterschläge Anderlechts sind tödlich.

Pirkner und Gasselich (rechts) kommen zu spät, de Bree hält sicher. Anderlecht gewann das Finale im Europacup der Cupsieger unerwartet hoch mit 4:0 (3:0) Toren. Ein Wermutstropfen im Freudenbecher.

Das denkwürdigste Spiel des Wunderteams war die 3:4-Niederlage am 7. Dezember 1932 in London gegen England. Stehend von links: Trainer Jimmy Hogan, Nausch, Braun, Gall, Vogl, Zischek, Wesselik, Sindelar, Rainer, Mock. Hockend: Hiden, Platzer, Janda, Sesta, Schall, Gschweidl, Smistik. Das Bild links zeigt Gschweidl in Aktion.

Spazierstock und Melone waren seine Insignien, das Wunderteam sein Werk: Hugo Meisl, Fußballfeldherr und Fußballdiplomat, einer der größten Fußballexperten aller Zeiten. Der am 16. November 1881 geborene Meisl (gestorben am 17. Feber 1937) war Schöpfer des Mitropacups, Initiator der Fußball-Weltmeisterschaft, ein unermüdlicher Arbeiter und Ideenspender.

Das Wunderteam bombt: Auf der Hohen Warte wurde Ungarn 8:2 deklassiert. Toni Schall schoß nicht weniger als vier Tore (Sindelar, nicht im Bild, drei). Ungarnkeeper Szabo ist wieder einmal geschlagen.

Walter Nausch, er spielte Läufer, Verteidiger, Stürmer, begrüßt den Schweizer Kapitän. Es sollte nur ein 3:1 werden.

Wieder entfesselte Österreicher: Rechtsaußen Vogl schießt, diesmal hatte Kress Glück, der Ball ging neben das Tor. Österreich schlug Deutschland auf der Hohen Warte mit 5:0 (zuvor in Berlin lautete das Ergebnis 6:0).

Die Nachkommen des Wunderteams: 1950 deklassierte Österreich Jugoslawien 7:2. Ernstl Melchior, der »G'scherte« gegen »Tschik« Cajkovski.

Zeman in Glasgow (oben): Er faustet, hinter ihm Röckl. Happel (links) und Ocwirk (Mitte) beobachten. Das 1:0 Österreichs am 13. Dezember 1950 war eine Sensation.

Zeman in London (unten): Unterstützt von Dolfi Huber (im Tor) wird ein Angriff von Lofthouse abgewehrt. Österreich erreichte 1951 in London nach großer Leistung ein 2:2.

Nochmals eine Szene vom 7:2-Sieg über Jugoslawien: Verteidiger Rudi Röckl steigt hart ein, im Hintergrund Ernst Happel als aufmerksamer Beobachter.

Nur die Größten wurden mit der Kapitänsrolle betraut. Bild links: Karl Decker vor dem 7:2 gegen Jugoslawien (mit Bobek). – Bild oben: Ernst Ocwirk, Kapitän des FIFA-Teams gegen England (4:4, mit Billy Wright). – Links unten: Rekordinternationaler Gerhard Hanappi vor dem Spiel gegen Spanien. – Bild unten: Karl Koller mit Ungarns Kapitän Grosics. Mit Ausnahme Deckers waren alle drei Läufer.

Dieses Team gewann 1957 in Spanien das UEFA-Turnier. Stehend: Lahner, Tautscher, Nikischer, Skocik, Glechner, Öllerer. Hockend: Osicka, Schilling, Kraushofer, Nemec, Puffer. – Im Finale wurde Gastgeber Spanien 3:2 besiegt.

So mancher von der siegreichen UEFA-Turnier-Mannschaft war später im Decker-Team dabei. Das 3:0 über Spanien (Oktober 1960) war ein vielbejubelter Erfolg. Die Österreicher sind Nemec und Hof. Der Referee ist Dienst.

Ernst Fiala, der großartige Techniker der Wiener Austria, auch er wurde von Decker ins Team berufen. Fiala spielte 15mal in der Nationalmannschaft.

Zwei Außenverteidiger vom Decker-Team sind Erich Strobl (ganz links, Simmering, dann Austria) und Heribert Trubrig (LASK). Trubrig, 10mal international, debütierte gegen Spanien.

Teamchef Karl Decker mit dem Austrianer Horst Hirnschrodt. Als Rechtsaußen hatte Hirnschrodt bei der Austria Karriere gemacht, im Team spielte er Außenverteidiger, Mittelfeldspieler und Rechtsaußen. 19mal.

Erster Sieg Österreichs in Budapest seit dem 2. Oktober 1932: Nemec schießt am 11. Juni 1961 das entscheidende Tor zum 2:1. Links: Oslansky, der beim Retourspiel am 8. Oktober 1961 mit einem Traumtor den 2:1-Sieg in Wien fixierte.

Die beiden Torleute beim österreichischen Überraschungssieg im Moskauer Lenin-Stadion vor 90000 Zuschauern hießen Gernot Fraydl (links) und der sowjetische Keeper Maslatschenko, der eine süßsaure Miene aufsetzt.

Dem 2:1 in Budapest folgte am 10. September 1961 in Moskau das 1:0 über die UdSSR. Das Tor schoß Linksaußen Rafreider, der hier bereits jubelt. Im Jahr 1961 begann auch die Teamkarriere des Sportklub-Außenverteidigers Hasenkopf.

Am 19. November 1961 in Agram wurde unsere Erfolgsserie von den Jugoslawen gestoppt, die Gastgeber siegten 2:1. Mittelstürmer Hans Buzek bei einer akrobatischen Einlage. Rechts: Gerhard Hanappi.

Teamchefs in spe in Aktion: Gleich zweimal gegen den Erzrivalen Ungarn. Im Bild rechts oben Karl Stotz gegen Göröcs, darunter Helmut Senekowitsch. Stotz, Jahrgang 27, wurde 1978 Teamchef, Senekowitsch, Jahrgang 33, im Jahre 1976.

Nach Decker kam das Duo Joschi Walter und Bela Guttmann. Doch mit dem Match vom 11. Oktober 1964 gegen die Sowjets verabschiedeten sich Walter-Guttmann bereits wieder.

So schön wie Horstl Nemec »starb« keiner auf dem Spielfeld. Der Sterbeszene folgte ein Freistoß von Glechner und das Siegestor gegen die UdSSR (11. Oktober 1964 in Wien).

Pepi Hamerl tankt sich gegen zwei Sowjetrussen durch. Dieses Länderspiel war bereits 1960 in Wien ausgetragen und mit 3:1 gewonnen worden. Im Hintergrund der berühmte Neto.

Was keinem berühm ten österreichischen Team gelungen war, schaffte eine Verlegenheitself: Im Wembley-Stadion wurde England 3:2 besiegt. Toni Fritsch hatte eine Sternstunde und schoß zwei Tore. Oben: Empfang in Wien, unten: als Freekicke bei den Dallas-Cowboys.

(Schwechat) mußte in der 28. Minute verletzt ausscheiden, Dirnberger (Austria) ersetzte ihn. Das Spiel lief für die Österreicher gar nicht so schlecht, jedenfalls weit besser als zuvor in Stuttgart. Die vier Teamneulinge Sara, Dirnberger, Stamm und Fritsch hielten sich gut. Der Rapidler Rudi Flögel schaffte in der 52. Minute den Ausgleich. Sieben Minuten später stellt Connelly neuerlich die Führung der Gastgeber her.
Die Gäste spielen erstaunlich forsch, und ihre Attacken werden in der 73. Minute mit einem Tor belohnt: Teambaby Toni Fritsch erhält in Linksaußenposition das Leder und bezwingt mit dem linken Fuß Keeper Springett. Es steht in der 73. Spielminute 2 : 2.
Ein Unentschieden, wie es 1951 die große Mannschaft mit Zeman, Ocwirk, Huber, Brinek, Melchior erzielt hat, wäre eine Sensation. Doch können die Österreicher auf dem tiefen Rasenteppich, der unerhört kräfteraubend ist, die verbleibenden 17 Minuten ohne Verlusttreffer überstehen? Diese bange Frage stellt sich auch Teamtrainer Edi Frühwirth, der immer öfter auf die Uhr schaut. Ein Unentschieden, das wäre in dieser Situation, nach einem einzigen Sieg im Jahre 1965 (in Paris 2 : 1 gegen Frankreich) ein ganz großer Erfolg, eine moralische Injektion für das letzte WM-Ausscheidungsspiel in Leipzig.
2 : 2? In der 81. Minute verbeißt sich Toni Fritsch, der 20jährige Rapidler, der Naturbursche aus Petronell, im Mittelfeld in den grimmigen Nobby Stiles. Und unser Fritsch Toni hat auch seinen Ehrgeiz. Er hat bereits ein Tor geschossen, das gab ihm großen Auftrieb, er will es nun diesem Stiles zeigen, der sich ganz gegen seine Art in eine Spielerei eingelassen hat. Fritsch errangelt den Ball, läuft und wird nicht attackiert, da knallt er drauflos – ins Kreuzeck – Springett springt zu spät, hätte gegen diese Bombe auch keine Chance gehabt – 3 : 2 für Österreich!
Alf Ramsey, der englische Teammanager, fand keine Worte. Ein paar Monate vor der Weltmeisterschaft 2 : 3, welch eine Blamage! Welch ein Wunder für Österreich! Ein im Durchschnitt 23 Jahre altes Greenhorn-Team, das in Wien nicht einmal die DDR geschlagen hatte, siegte im Mekka des Fußballsports. Und das sind die Namen der zwölf Sieger: Fraydl; Sara, Frank (Dirnberger), Stamm, Ludescher; Hasil, Ullmann; Fritsch, Buzek, Flögel, Macek.
Von den geschlagenen Engländern standen sechs Mann sodann in jenem Team, das am 30. Juli 1966 in eben diesem Wembleystadion mit dem 4 : 2 über Deutschland Weltmeister werden sollte: Cohen, Jackie Charlton, Moore, Wilson, Stiles und Bobby Charlton. Conelly, der Schütze des zweiten englischen Treffers, hatte in der Vorrunde der WM gespielt.
Also: Die Engländer wurden Weltmeister. Die Helden von Wembley aber verloren elf Tage später in Leipzig gegen die DDR 0 : 1. Vor Wembley und nach Wembley Niederlagen. In Wembley Sieg. Einfach ein Wunder, wie es im Fußball zuweilen vorkommt. So schlug bei der WM 1966 bekanntlich auch Nordkorea die Mannschaft aus dem Lande des zweifachen Weltmeisters Italien mit 1 : 0.

WM 1934, WM 1954, WM 1958

Vierter, Dritter, Pünkterl

Als am 13. Juli 1930 im damals noch so fernen Montevideo die erste Fußballweltmeisterschaft mit Belgien gegen die USA eröffnet wurde, registrierte das in Österreich kaum einer. Der Mitropacup beherrschte die Zeitungen wie die Gesprächsrunden. Am 12. Juli hatte Vienna in der ersten Runde in Prag gegen Sparta unglücklich 1 : 2 verloren, am 13. Juli 1930 spielte Rapid in Genua 1 : 1. Das Wiener »Sport-Tagblatt« brachte am 13. keine Zeile von dem WM-Beginn, am 14. Juli hieß es auf Seite 1: »Österreich hat sich im Mitropacup gut gehalten.« Vom Sieg der ungarischen Schwimmerinnen über Österreich wurde ebenfalls ausführlich berichtet, zwischen Notizen versteckt war ein »eigener Drahtbericht«, in dem kurz vermerkt wurde, daß die USA beim WM-Beginn Belgien 2 : 0 besiegen konnten (tatsächlich lautete das Ergebnis 3 : 0).

Die Fußballweltmeisterschaft war im Jahre 1930 (aus Europa kamen nur Spanien, Jugoslawien, Belgien und Frankreich) kein Thema. Hugo Meisl, Generalsekretär und Verbandskapitän in einer Person, war zwar am Zustandekommen der Weltmeisterschaft maßgeblich beteiligt, doch konnten die Wiener Klubs nicht eineinhalb Monate auf ihre Profis verzichten.

Vier Jahre später war Italien der Gastgeber, die Situation eine völlig andere. Am 11. Februar 1934 besiegte in Turin die österreichische Nationalmannschaft in einem Freundschafts-Länderspiel Italien 4 : 2.

Am 12. Februar 1934 kam es in Wien, Linz, in den Industriegebieten der Steiermark zu blutigen Unruhen, der Aufstand des Schutzbundes wurde vom Bundesheer und der Heimwehr niedergeschlagen. Bundeskanzler Dollfuß hatte schon zuvor das Parlament ausgeschaltet, jetzt verbot er die Sozialdemokratische Partei. Am 25. Juli 1934 kam es zum Putsch der Nationalsozialisten, Dollfuß wurde ermordet. Es gab 400 000 Arbeitslose im Land. In Italien war seit zwölf Jahren Mussolini an der Macht.

So war die politische Lage, als die österreichischen Fußballer erstmals zur Weltmeisterschaft fuhren. Ihnen eilte der Ruf voraus, als Titelfavorits nach dem Italien Mussolinis zu kommen. Außer dem 4 : 2-Sieg von Turin über die Italiener gab es noch einen 5 : 2-Erfolg über Ungarn, der kaum weniger Gewicht hatte. Den Italienern schien die Bevorzugung Österreichs günstig, sie bereiteten sich profihaft auf die Titelkämpfe vor, während die Österreicher nach einer anstrengenden Saison sogar ohne Trainer und ohne Masseur nach Italien fuhren. Linksverbinder Horvath mußte noch ein Nachtragsspiel für den FC Wien bestreiten und kam erst später nach. Hugo Meisl versuchte Mißverständnisse zu beseitigen: »Unsere Spieler sind abgekämpft, die Vereine leben ständig in Geldschwierigkeiten und müssen daher immer wieder zu Tourneen und Freundschaftsspielen Zuflucht nehmen. Unsere Meisterschaft wurde viel zu spät beendet. Österreich ist kein Favorit.« Das war nicht Zweckpessimismus, sondern die Wahrheit.

Die österreichischen Anhänger hofften dennoch. Gegen Frankreich kündigte sich eine Blamage bereits an, in der Verlängerung gelang noch ein 3 : 2-Sieg. »Sind das wirklich die Österreicher?« lauteten Schlagzeilen in der italienischen Presse. Die Antwort folgte nach dem 2 : 1-Sieg über Ungarn: »Das ist Österreich«. Im Semifinalspiel gab es eine 0 : 1-Niederlage gegen Italien. Die Berichterstatter, auch die neutralen, erklärten Italiens Tor für irregulär, Meazza hatte Keeper Platzer gefoult, doch der schwedische Schiedsrichter Eklind gab Tor von Guaita. Italien war im Finale, auch wenn der Zürcher »Sport« zum Semifinale schrieb: »Wieder entschied ein irreguläres Tor.« Wunderteammittelläufer Pepi Smistik kommentierte noch Jahrzehnte später wütend: »Der Schiedsrichter hat uns betrogen.«

Im Kampf um Platz drei war Deutschland der Gegner. Zuschauer, die in Neapel verspätet ins Stadion kamen, glaubten eine sehr gut spielende österreichische Mannschaft zu sehen – in Wirklichkeit aber waren es die Deutschen, die aufspielten, Szepan, Lehner, Conen.

Das Match begann mit einem Streit um den Dress. Pepi Smistik erzählt: »Zuerst große Aufregung und Debatten um die Leiberl. Wir waren in schwarzen Hosen und weißen Leiberln gekommen, die Deutschen auch. Eine Ersatzgarnitur hatten sie uns gar nicht mitgegeben. Schließlich trieb unser Aushilfstrainer rote Leiberln von italienischen Radrennfahrern auf.« Der Aushilfstrainer hieß Hansl, ein ehemaliger Amateur-Spieler, der in Italien beschäftigt war. Er war für die WM-Zeit verpflichtet worden.

Wie ging's weiter, Herr Smistik? »Die Deutschen wollten Revanche für die Niederlagen, die sie vom Wunderteam kassiert hatten«, (6 : 0 und 5 : 0), »sie waren ebenfalls glänzend auf die Weltmeisterschaft vorbereitet worden, kamen in Topverfassung nach Italien. Das Match gegen uns hatte kaum begonnen, führten sie auch schon 1 : 0. Dann 2 : 0, schließlich hieß es 3 : 2 für die Deutschen.«

Das Ergebnis war in Ordnung, Österreich war Vierter. Nur Vierter! Als die Mannschaft in Wien am Ostbahnhof ankam, sang keiner den Schlager dieser Zeit, »Ich möcht von dir ein Foto«, keiner wollte ein Autogramm, im Gegenteil, die Mannschaft wurde ausgepfiffen. In Zeitungsmeldungen waren schon vorher Kombinationen aufgestellt worden, die lauteten, die Vereine hätten ihren Spielern befohlen zu verlieren und schnell wieder heimzureisen, denn die Klubs brauchten die Profis für die Mitropacupmatches.

Die Niederlagen wollten Anhänger wie Journalisten einfach nicht wahrhaben, sie hielten die österreichische Mannschaft wohl für unschlagbar. Am 7. Juni war Österreich in Neapel Deutschland 2 : 3 unterlegen, am 17. Juni ging's im Mitropacup weiter, begann die erste Runde. Pause und Urlaub gab's für die Bettelprofis wahrlich nicht.
Kurios, daß sich Österreich einmal qualifizierte, aber nicht WM-Teilnehmer wurde: Am 5. Oktober 1937 spielte Lettland in Wien: 2 : 1 für Österreich. Doch als in Paris die WM 1938 eröffnet wurde, gab es kein Österreich mehr.

1954 wurde zum viertenmal um den Coupe Rimet gekämpft, zum zweitenmal war Österreich dabei. Und im Gegensatz zur Teilnahme zwanzig Jahre vorher waren die Vorbereitungen der Österreicher überaus seriös, in Probespielen und in der Bundessportschule Obertraun wurden die Teamkandidaten von Frühwirth und Pesser für die Schweizer WM reif gemacht. Walter Nausch war der Bundeskapitän.
Erster Gegner Schottland, das war sehr hart, 1 : 0. Die Tschechoslowakei folgte – 5 : 0, Probst und Stojaspal tobten sich aus. Österreich war im Viertelfinale, unter den letzten acht Mannschaften. Der Gegner im Spiel um den Eintritt ins Semifinale war der Gastgeber. Die Eidgenossen hatten die Italiener 2 : 1 geschlagen; da sie zuvor den Engländern 0 : 2 unterlegen waren, wurde nach damaligem Modus ein Entscheidungsspiel gegen Italien notwendig, vor 34 000 Zuschauern siegte in Basel die Schweiz sensationell hoch mit 4 : 1.
Den zweifachen Weltmeister Italien zweimal schlagen – das war schon allerhand. Kein Grund aber für Österreich, nicht von einer »g'mahten Wies'n« zu reden. So in dem Sinne: Die Arbeit ist getan, noch bevor sie begonnen wurde. Frühwirth und seine Fußballer nahmen die Schweizer natürlich ernst, keine Rede bei ihnen von Unterschätzung, denn sie wußten was es bedeutete, Italien bei einer Weltmeisterschaft auszubooten. Die Österreicher hatten zweimal im Hardturm-Stadion in Zürich gespielt, gegen die Schweiz mußten sie in den französischen Teil, nach Lausanne. Im Stadion Olympique von Lausanne wurden sie mit »Wagner musiziert für Österreich« begrüßt, die treuen Schlachtenbummler fehlten nicht. Als die Österreicher, geführt von Kapitän Ernst Ocwirk, aus den Umkleidekabinen aufs Spielfeld kommen, schlägt ihnen Backofenhitze entgegen. »Mindestens zehn Krügel im Schatten«, wissen die Schlachtenbummler. Allgemein verständlich ausgedrückt: 35 Grad Celsius auf der Schattenseite des Stadions. Als Ocwirk, der Schweizer Kapitän Bocquet und der schottische Schiedsrichter Faultless um die Seitenwahl losen, ahnen sie noch nicht, daß sie WM-Geschichte machen, sogar einen WM-Rekord aufstellen werden.

Bis zu diesem ersten Zusammentreffen am 26. Juni 1954 in Lausanne hatte es 25 Länderspiele Österreich gegen die Schweiz gegeben, 18 Österreichsiege, drei Unentschieden, vier Niederlagen. Die Tradition sprach eindeutig für uns. Doch diese Eidgenossen dachten bei ihrer Weltmeisterschaft gar nicht daran, sich an den fußballerischen Vorfahren zu orientieren. In der 16., 17. und 18. Minute schießen sie durch Ballaman und Hügi, dieser gleich zweimal, drei Tore, 3 : 0 für die Schweiz. Die österreichischen Schlachtenbummler sind verstummt, keiner setzt auch nur einen Franken auf die Wagners und Körners, die Musikanten sind die Schweizer. Ernst Ocwirk versucht seine Kollegen anzutreiben, »gemma, Burschen, gemma. Hängts euch an.«

In der 25. Minute gelingt Turl Wagner ein Tor. 1 : 3.

Eine Minute später ist Fredl Körner, »der Zweier«, erfolgreich, 2 : 3.

28. Minute 3 : 3 durch Wagner. 32. Minute 4 : 3 durch Ocwirk, 34. Minute 5 : 3 durch Körner II.

In zehn Minuten haben die Österreicher fünf Tore geschossen, aus dem 0 : 3 ein 5 : 3 gemacht. Und das bei einer Weltmeisterschaft. Bereits der erste Weltrekord. Doch dieses verrückte Match geht weiter, kennt kein Ausruhen auf Lorbeeren. In der 36. Minute verkürzt Ballaman auf 4 : 5. Mit 5 : 4 für Österreich geht es in die Kabinen. Unser Tormann Kurt Schmied glaubt, das Match sei schon beendet. Teamarzt Dr. Robert Jelinek stellt einen Sonnenstich bei dem Keeper fest. Doch er muß wieder aufs Feld, einen Austausch gibt es 1954 noch nicht. Auch die Schweizer haben ein Hitzeopfer: Kapitän Bocquet erlitt ebenfalls einen Sonnenstich.

Für beide Parteien ist schon aus diesem Grund der Angriff die beste Verteidigung. In der Hektik und Hitze von Lausanne wird groteskerweise auf den Riegel vergessen. Torsicherung? Nicht an diesem 26. Juni. Pepi Ullrich, der Masseur der Österreicher, steht mit Eisbeutel und Sodawasserflasche hinter Schmieds Tor und labt den Keeper. »Jedesmal, wenn die Schweizer angegriffen haben, mußte ich ihn dirigieren«, erzählt nachher Pepi Ullrich.

Die Österreicher wußten um das Schicksal ihres Tormannes, sie kämpften noch verbissener, versuchten jeden Paß noch genauer an den Mann zu spielen, noch besser zu zielen. Und in der 54. Minute schlägt eine Wagner-Bombe im Tor von Parlier ein, 6 : 4. Wieder ein beruhigender Zwei-Tore-Vorsprung. Doch was heißt in diesem Match schon beruhigend, Hügi schießt trotz »Fernsteuerung« von Masseur Ullrich ein Tor, Kurtl Schmied war machtlos. Nach einer Stunde Spielzeit lautet der Stand 6 : 5. Noch dreißig Minuten, in diesen dreißig Minuten kann alles umgedreht werden. Eine feine Kombination des österreichischen Angriffes und Probst schließt ab – 7 : 5. Es ist die 77. Minute. Der Endstand. Das dramatischste WM-Spiel aller Zeiten, die Sonnenschlacht von Lausanne, ist vorbei, die zwölf Tore sind WM-Rekord. Sie bestanden im Jahre 1978 bei der Argentinien-Weltmeisterschaft noch immer und werden wohl

kaum je übertroffen werden. Zuvor hatten Brasilien und Polen das trefferreichste Spiel geboten, 1938 in Frankreich 6 : 5 gespielt. Diese elf Tore waren bei Ungarn gegen Deutschland, beim Gruppenspiel der 54er WM, mit 8 : 3 eingestellt worden. Die Namen der elf Helden von Lausanne lauteten: Schmied; Hanappi, Happel, Barschandt; Ocwirk, Koller; Körner I, Wagner, Stojaspal, Probst, Körner II. Und von Vienna-Kapitän Karl Koller berichteten die Journalisten, er habe in Lausanne die beste Leistung seiner Karriere geboten.
Dann kam ein Tag, den elf Österreicher schwarz angekreuzt haben: Der 30. Juni 1954, als Deutschland in Basel Österreich 6 : 1 vom Feld schoß. »Schon als wir zur Pause mit dem 0 : 1-Nachteil in die Kabine gingen, fühlten wir uns als geschlagene Mannschaft«, erzählte Ernst Ocwirk. »wir saßen da und grübelten. Jeder dachte, was man bei uns zu Hause sagen würde, sollten wir ausgerechnet gegen Deutschland verlieren.«
Ausgerechnet Deutschland?
Rudi Hiden, der Tormann des Wunderteams, sprach aus, was zu seiner Zeit wie auch in den fünfziger Jahren vom deutschen Fußball speziell in Wien gehalten wurde: »Seien wir ehrlich«, sagte Hiden, »wir alle haben Deutschland nie als große Fußballnation betrachtet.«
Das sollte sich später ändern, den Österreichern rutschte dann gleich das Herz in die Hose, sahen sie nur einen deutschen Fußballer. Wieder später wurden die Relationen richtiggestellt, das 3 : 2 von Cordoba bei der Argentinien-WM 78 rückte die Dinge zurecht.
Zurück nach Basel 1954: Nach der Pause nahm die fußballerische Katastrophe ihren Lauf, Erich Probst schoß in der 53. Minute noch das 1 : 2, doch dann ging's Schlag auf Schlag. Bis zum bitteren 1 : 6. Tormann Kurtl Schmied, wegen des Sonnenstichs von Lausanne nur Zuschauer, er hatte Zeman Platz gemacht, versuchte dem Debakel positive Seiten abzugewinnen. »Die Disziplin der Deutschen, ihr Kampfgeist und ihre richtige Selbsteinschätzung müssen uns zu denken geben, sollten ein Beispiel für uns sein«, meinte der Keeper. Er fand wenige Liebhaber.
Die »Tiroler Nachrichten« brachten die diffamierende Meldung, die Österreicher seien bei dem 1 : 6 von den Deutschen bestochen gewesen. Fußballpräsident Dr. Josef Gerö, auch Justizminister, erstattete Anzeige gegen das Tiroler Blatt. Selbstverständlich distanzierten sich alle von dem Unsinn.
Die Trainer Edi Frühwirth und Hans Pesser mußten sich als Seelenmasseure betätigen, ein sich immer wieder fragendes Team (»Wie war das nur möglich?«), eine am Boden zerstörte Mannschaft, wiederaufrichten. Es gelang. Im Spiel um Platz drei wurde Uruguay 3 : 1 geschlagen. Der dritte WM-Platz war ein großer Erfolg des österreichischen Fußballs.
Was stand am 5. Juli in den Zeitungen? Eine gute Kritik über unser 3 : 1 selbstverständlich. Und sonst? »Sowjets können H-Bombe noch verbessern«, »Das verlängerte Wochenende forderte in den USA 176 Verkehrstote«, »Waffenstillstandsverhandlungen zwischen Franzosen und Viet-

namesen nördlich von Hanoi«. Im Sport: Der Exiltscheche Jaroslav Drobny wurde durch einen 13 : 11-, 4 : 6-, 6 : 2-, 9 : 7-Erfolg über den Australier Ken Rosewall Wimbledonsieger. Die Sensationsmeldung aber lautete: »Deutschland Fußballweltmeister, 3 : 2-Sieg über Ungarn.« Jules Rimet, der 82jährige FIFA-Präsident, der nach dem Krieg für den Ausschluß Deutschlands aus der FIFA plädiert hatte, überreichte Fritz Walter den nach ihm benannten Coupe Rimet, den Weltpokal.

Unter Teamchef Josef Argauer, Journalist und Simmering-Sektionsleiter, erreichten die Rot-Weiß-Roten nach hartem Duell mit den Holländern die Endrunde 1958 in Schweden. Das Match gegen Holland in Wien war 3 : 2 gewonnen worden. Was sagte nachher der holländische Stopper Cor van der Hart? »Mir hat nur Hanappi gefallen, die anderen Österreicher waren Sch. . .hunde.« So steht es in den Berichten, geredet hat er aber nicht in Punkterln. Van der Hart entschuldigte sich teilweise für seine Beschimpfung, sagte, er habe nicht alle Österreicher gemeint, nur Dienst. Dienst allerdings sei ein Sch. . .hund.
Im Match hatte es fürchterliche Duelle des holländischen Stoppers und des österreichischen Mittelstürmers gegeben. Zum Rückspiel ließ Argauer in Den Haag wohl ein Versöhnungsbild von den beiden Kontrahenten schießen, doch zum Match Dienst diplomatischerweise nicht antreten. In Den Haag ging's friedlich zu, 1 : 1.
Die Vorbereitungen für Schweden verliefen lax, die Vereine gaben die Spieler nicht her, ein Schnellsiedekurs mußte genügen. Turl Wagner und Erich Hof sagten ab (Hof später: »Jetzt tut's mir leid, aber ich stimmte mit Argauer in etlichen Dingen nicht überein«), Ernst Ocwirk, Profi bei Sampdoria, wurde nicht angefordert.
Der WM-Dritte der Schweiz war nicht optimal getrimmt für die große Prüfung. Die Spielplätze hießen Uddevalla und Boras, der WM-Dritte wurde in die Provinz verbannt, für Göteborg waren die Österreicher anscheinend nicht attraktiv genug, um so attraktiver aber ihre Gegner: Brasilien, die Sowjetunion und England.
Das Stadion von Uddevalla war mit 22 000 Zuschauern zum Bersten voll, als Österreich gegen den WM-Favoriten 1958 antrat. Unsere Mannschaft hatte erst einmal gegen Brasilien gespielt, 1956 im Wiener Stadion 2 : 3 verloren. Teamchef Argauer und Teamtrainer Molzer erwarteten einen brasilianischen Sturmangriff, doch die Südamerikaner spielten ganz anders. Verbinder Didi kam kaum vors Tor von Rudi Szanwald, er zog sich vom Anpfiff an zurück. Die Aufbauläufer Hanappi und Koller arbeiteten mit den Verbindern Senekowitsch und Fredl Körner eine klare Feldüberlegenheit heraus, doch kaum eine Torchance, geschweige denn einen Torerfolg.

Und wenn die Brasilianer stürmten, wenn Joel, Didi, Zagalo antraten, dann war's gefährlich. Die Offsidefalle, aufgebaut von Ernst Happel, schnappte immer wieder zu, der französische Referee Guigue mußte die schnellen Südamerikaner wiederholt zurückpfeifen.
In seinen Memoiren schreibt Pele, der in Schweden als 17jähriger erstmals dabei war, gegen Österreich aber noch pausieren mußte, über die Empfindungen der brasilianischen Betreuer und Ersatzspieler: »... ich fing an, für uns zu fürchten. Kein Tor wollte unserem Sturm gelingen, die österreichische Verteidigung war wie eine Mauer, an der alles abprallte. Wir alle, die wir draußen standen und zusahen, fingen an nervös zu werden, als Mazzola endlich knapp vor Ende der ersten Halbzeit unser erstes Tor schoß. Ich glaube, unsere kleine Gruppe brüllte lauter und gebärdete sich wilder als das ganze übrige Stadion.«
Ein herrlicher Paß von Didi in die Tiefe des österreichischen Raumes, Mazzola startete bewußt mit Verzögerung, war aber noch immer schnell genug und schoß zum 1 : 0 ein. Nach der Pause Doppelpaß Nilton Santos – Mazzola, und der Verteidiger erzielte das 2 : 0. Der Referee schaute schon auf die Uhr, als Mazzola in der 89. Minute auf 3 : 0 erhöhte.
Der zweifache Torschütze Mazzola, der eigentlich Altafini hieß und unter diesem Namen seine Karriere später in Italien fortsetzte, sollte nur noch gegen England (0 : 0) spielen, dann erhielt er im brasilianischen Aufgebot keine Chance mehr.
Die österreichischen Kritiker nahmen das Cornerverhältnis von 10 : 1 für Österreich zum Anlaß, unseren Sturm zu verdammen. Mittelstürmer Hans Buzek rückblickend: »Wir hatten keine Ahnung vom Gegner, wußten noch weniger über sein System. Die Brasilianer spielten erstmals 4-2-4, aber niemand durchschaute das. Sie spielten mit Konterattacken – und das im Jahre 1958!« Dank ihres Systems erhielten die Brasilianer weder in den Gruppenspielen noch im Viertelfinale ein Gegentor. Unsere Teamführung zog aus dem 0 : 3 die Konsequenzen: Der zu diesem Zeitpunkt bessere Torhüter, Kurtl Schmied, wurde gegen die UdSSR aufgestellt. Da aber Differenzen zwischen Schmied und Happel bestanden, nahm der Teamchef auch den Rapidler aus der Mannschaft, Stotz spielte Stopper. Schon das zeigte, was die Österreicher bei der WM 1958 waren: Ein disziplinloser Haufen, der nicht zufällig in Schweden sieglos geblieben war. Gegen die UdSSR setzte es eine 0 : 2-Niederlage, beim Abschiedsspiel rafften sich Happel, der wieder spielte (mit Szanwald im Tor), sowie die anderen Österreicher, noch einmal auf und erreichten gegen England ein 2 : 2. Schwedens Presse schrieb, es sei schade, daß bei dieser WM kein Walzer mehr gespielt werde. Mit dem Walzer war es vorbei, Schweden der Anfang zu einer Talfahrt, die rund eineinhalb Jahrzehnte dauern sollte.
Brasilien und die UdSSR stiegen aus der Österreich-Gruppe auf, Österreich verabschiedete sich mit einem Punkt, Brasilien gewann durch einen 5 : 2-Sieg über Schweden erstmals den Weltmeistertitel.

Zuerst drei gescheiterte WM-Versuche

Hurra! Nach zwanzig Jahren wieder dabei!

Als der Bundesvorstand des Fußballbundes am 13. November 1959 zusammentrat, stand ein einziger Tagesordnungspunkt auf dem Programm: Nennung zur WM 1962 in Chile. Die Nationalligaklubs hatten große Bedenken gegen einen WM-Start angemeldet, auf die Umstellung des Meisterschaftsbetriebes hingewiesen, hohe Ausfallsentschädigungen gefordert. Am 18. Dezember 1959 erfolgte die endgültige Ablehnung. Zwei Niederlagen der Nationalmannschaft in der Zwischenzeit (22. November in Valencia 3 : 6 gegen Spanien, 13. Dezember in Paris 2 : 5 gegen Frankreich) sorgten auch nicht gerade für einen Meinungsschwenk. Man hätte allerdings die Frage, ob Österreich für die WM-Ausscheidung 1962 reif sei, ruhig den Spielern in den Qualifikationsmatches überlassen können. Doch leider sahen die wenigsten die Tragweite ihres Nein. 1961 spielten dann die Österreicher groß auf, Chile aber war leider passé.

Der Rekordinternationale Dipl.-Ing. Gerhard Hanappi meinte später, dies sei ein Hauptgrund für den Rückgang des österreichischen Fußballs gewesen. Keine Frage, daß er damit den Kernpunkt traf.

Ein irreparabler Fehler – begangen von allen Funktionären, vor allem von den Machern des Sportklubs, Austrias und Rapids, die nicht über den eigenen Klub hinaussahen.

Als es um die Teilnahme an der WM 1966 in England ging, hatte Österreich so gut wie keine Chance, gegen Ungarn und die DDR zu bestehen. Der Anschluß war verloren. So sehr sich der damalige Teamchef Edi Frühwirth auch bemühte, er konnte seiner Mannschaft auch kein Profidenken einbleuen. Ein 1 : 1 im ersten Match gegen die DDR in Wien sollte der einzige Punkt bleiben. Die Österreicher wußten gegen die brutalen Körperattacken der Ostdeutschen kein Mittel, den Schmäh hatten sie verloren, so setzte es Niederlagen gegen Ungarn, gegen die DDR im Rückspiel ebenfalls ein 0 : 1.

Edi Frühwirth, der für seine Vorbereitung auf die WM 1954 mit Lorbeeren überhäuft worden war, fand kaum bei den Spielern Gehör, geschweige denn bei den Fußballanhängern. Michael Kuhn schrieb einmal in einer Frühwirth-Charakteristik in der »Kronen-Zeitung«: »Obwohl ein Heurigengeher, kommt Frühwirth doch nicht bei den Wienern an.« Und nicht

nur einmal, als er bei den Matches am Bankerl saß, bekam er ein »Geh wieda noch Deitschland« zu hören.
Edi Frühwirth, geboren 1908 in Wien, war ein Fanatiker des Fußballs, einer, der nichts dem Zufall überließ, doch war die Zeit, als er zum zweitenmal in seiner Trainerkarriere beim Team arbeitete, nicht reif, weil die Spieler nicht die entsprechende Reife hatten, weil Österreich in allen Belangen des Fußballs nachhinkte.
Die WM-Ausscheidung für Mexiko 1970 begann im Prater mit einem 7 : 1-Sieg über Zypern. Der Vorarlberger Erwin Alge war Bundeskapitän, Hans Pesser sein Trainer. Eine integre Persönlichkeit wie Alge fand sich in dem österreichischen Fußballdschungel nicht zurecht, denn selbstverständlich paßte es vielen Herren in Wien nicht, daß ein Lustenauer oberster österreichischer Fußballherr war. Das 7 : 1 blieb das einzige Ausscheidungsspiel Alges, er trat nach den Querschüssen zurück. Leopold Stastny, Jahrgang 1911, zuvor bei Wacker Innsbruck, übernahm die Funktion eines österreichischen Bundestrainers.
Beim ersten Länderspiel Stastnys als alleinverantwortlicher Teamchef (beim 1 : 3 in Leningrad gegen die UdSSR war er mit Alge zusammen) setzte es am 22. September 1968 in Bern eine 0 : 1-Niederlage. Kein Legionär war dabei, worauf in der WM-Qualifikation gegen Deutschland Hasil (Schalke 04), Starek und Pumm (beide Bayern) geholt wurden. Die Österreicher spielten optisch nicht schlecht, verloren aber glatt 0 : 2. Es war die Zeit der dummen Tore, die sich wie ein roter Faden durch die Qualifikation zogen. Vermeidbar scheinende Treffer also, die Folge einer überlasteten Verteidigung. Beim Rückspiel in Nürnberg fiel das 0 : 1 in der 88. Minute und war noch ärgerlicher, eben wiederum ein Treffer, der nicht hätte sein müssen. Noch dazu hatten die Österreicher 88 Minuten eine große Abwehrschlacht geliefert. Der Exekutor hieß Müller, es war ein typisches Müller-Tor.
Der andere Gigant war Schottland, hier wurden die Punkte sogar geteilt, zwei für jeden. In Glasgow spielten die Österreicher so, daß man an die Zukunft dieses Teams zu glauben begann, der schottische Teamchef Bobby Brown und der deutsche Helmut Schön zollten Lob, doch die Partie ging 1 : 2 verloren. Ein Unentschieden wäre gerechter gewesen, doch Tausendsassa Billy Bremner hatte im Finish einen Abpraller zum 2 : 1-Sieg eingeschossen.
In Wien wurden die Briten durch zwei Redl-Tore 2 : 0 geschlagen, doch es war um nichts mehr gegangen. Deutschland hatte sich durch ein 3 : 2 in Hamburg über Schottland für Mexiko qualifiziert, Österreich war Dritter, nur einen Punkt hinter den Schotten.
Immerhin, es ging aufwärts. Daß es wirklich aufwärts ging, wurde bei der Ausscheidung für die Deutschland-WM 1974 augenscheinlich. Und dabei zeigte sich auch, daß Leopold Stastny ein Teamchef war, der mit Fortuna auf Kriegsfuß stand. Nie zuvor waren Österreicher der Qualifikation so nahe wie bei den Kämpfen gegen Ungarn und Schweden gewesen –

und scheiterten. Teils aus falscher Einschätzung des Gegners, teils durch Pech, größtenteils weil die Nerven nicht mitspielten. Anders gesagt: Die Schweden waren dem Streß der Qualifikation am besten gewachsen.
Die Qualifikation lief wie ein Krimi ab. Die Schweden wurden in Wien in einem beinharten Fight klar 2 : 0 geschlagen, es war Gustl Starek, der spielte, kämpfte und seine Mitspieler nach vorne riß. 2 : 0 für Österreich, zwei Tore gegen Ronnie Hellström, der damals schon im Schwedentor stand.
Gegen Ungarn zweimal 2 : 2. In Wien führten die Gäste 2 : 0, ehe Hasil (aus einem Elfer) und Jara das Ärgste doch noch verhinderten. 30 000 oder mehr Schlachtenbummler fuhren nach Budapest, Österreich war euphorisch wie kaum zuvor, die österreichischen Fußballer fühlten sich in diesem Heimspiel im Nepstadion sichtlich wohl; Gustl Starek, er war in dieser Zeit der dominierende Teamspieler, schoß in der 15. Minute den Ausgleich, Kurt Jara nach 29 Minuten das 2 : 1 für Österreich. Das Nepstadion tobte. In der 68. Minute legte Kocsis dem aufrückenden Verteidiger Balint auf – 2 : 2.
Die Euphorie hielt an, doch in Göteborg gab es in der vermeintlichen Entscheidung eine 2 : 3-Niederlage, wobei die Schweden weit überlegener waren als das Resultat besagt. Gustl Starek erzielte in der 88. Minute das zweite österreichische Tor, dem noch große Bedeutung zukommen sollte.
Die Schweden erhielten nämlich in Malta ein Gegentor bei ihrem 2 : 1-Sieg, so daß Österreich nochmals eine Chance bekam, da Punkte und Tordifferenz mit Schweden gleich waren.
In der Zwischenzeit aber war aus Fußballsicht schier Ungeheures passiert. Österreichs Team hatte im Wembleystadion 0 : 7 verloren, eine Niederlage wie in der Steinzeit des Fußballs, kam in Hannover 0 : 4 unter die Räder. Der Ruf nach der Reform des österreichischen Fußballs erscholl nach diesen beiden Debakeln, doch Teamchef Stastny überlebte.
Heulen und Zähneknirschen am 27. November 1973, als beim Entscheidungsspiel um die WM-Teilnahme 1974 bei Schneeboden und Schneetreiben, bei eisigen Bedingungen, die Österreicher unglücklich 1 : 2 verloren. Es war das beste Match der rot-weiß-roten Mannschaft seit langem gewesen, doch zum Sieg reichte es nicht. Leopold Stastny war auch in dieser Partie der Pechvogel geblieben, die Feldüberlegenheit der Österreicher reichte nicht zur Teilnahme an der Deutschland-WM. »Wir haben vielleicht besser gespielt, aber die Schweden haben nicht unverdient gewonnen«, meinte der Teamchef. Die Spieler heulten in der Kabine, sie konnten und wollten es nicht glauben, daß sie nach diesem herrlichen Spiel, nach dieser großen Leistung, nicht für die WM qualifiziert waren.
Aus österreichischer Sicht hatte Pech die WM-Teilnahme verhindert, aus schwedischer Sicht die Taktik von Trainer »Aby« Ericson, der auf Konterattacken setzte, den Sieg gebracht. Im Kölner »Express« hieß es:

»Schweden und Österreicher lieferten sich einen Kampf bis aufs Messer, rissen die 30 000 Zuschauer mit, zeigten totalen Angriffsfußball (Österreich) und geschicktes Konterspiel (Schweden). Die Österreicher tanzten in Gelsenkirchen den Schneewalzer, schwungvoll und elegant, möglichst ohne Feindberührung. Das kam den robusten Abwehrspielern der Schweden entgegen. Hart und kompromißlos stoppten sie die Angriffe der Österreicher und nutzten dann ihre Konterchancen.«
Die Österreicher hatten Heimvorteil, mehr Schlachtenbummler und mehr Deutsche standen auf ihrer Seite, doch die Schweden zeigten nordische Gelassenheit, zudem konnten sie sich über DDR-Schiedsrichter Glöckner auch nicht beklagen, der einen strittigen Elfer für die blonden Recken gab. Die Österreicher reklamierten Foul von Sandberg an Horvath, doch Glöckner gab erst das folgende Foul von Keeper Rettensteiner an Kindvall.
Österreichs Team: Rettensteiner (46. Koncilia); Eigenstiller, Horvath, Schmidradner, Kriess; Hasil (61. Stering), Hattenberger, Norbert Hof; Kreuz, Krankl, Jara.
Resümee: Im dritten Versuch, zum drittenmal an der WM-Teilnahme gescheitert. Aus Gelsenkirchen wurden die Lehren gezogen. Gelsenkirchen war schön, doch erfolglos, die Qualifikationsspiele für 78 waren nüchterner – doch erfolgreich.

Als 1975 die Qualifikationsgruppen für die WM 1978 gesetzt und gelost wurden, bestand zumindest die Möglichkeit, die Ausscheidungsgruppe 3 zu gewinnen. Mit der DDR war eine Sportgroßmacht der Favorit, die Türkei der Hecht im Karpfenteich, Zwerg Malta der Vollständigkeit halber noch dabei. Glücklicherweise fehlte diesmal ein Fußballgigant in unserer Gruppe. Sieben Stationen waren es, die der WM-Zug durchraste, ehe das Ziel Argentinien erreicht war.

1. Station: DDR-Türkei 1 : 1

Die Ausscheidung in der Gruppe 3 hatte am 31. Oktober 1976 in Izmir mit Türkei gegen Malta (4 : 0) begonnen. Und fast auf den Tag genau sollte ein Jahr später in Izmir die Entscheidung fallen. Das erste bemerkenswerte Ereignis der Gruppenkämpfe trägt das Datum 17. November 1976, Dresden war der Schauplatz. Favorit DDR empfing zum ersten Gruppenspiel die Türkei. Mit nur 18 000 Zuschauern war der Besuch ausgesprochen schwach. Die 18 000 sahen eine Abwehrschlacht, die aber wunschgemäß für den Hausherren begann: Bereits in der 3. Minute verwandelte Kotte einen Foulelfer zur 1 : 0-Führung. Die Konterattacken der Türken blieben gefährlich, in der 30. Minute wieder ein Elfmeter, dies-

mal aber gegen die DDR, Cemil schoß, Jürgen Croy hielt, Cemil verwandelte im Nachschuß zum 1 : 1. Dabei blieb es. Ein wesentlicher Punkt in der Ausscheidung ging der DDR verloren. Die DDR-Presse kommentierte: »Das war ein Fehlstart«. Während Helmut Senekowitsch fand: »Jetzt sind wir hinlänglich gewarnt, wir wissen, wie hart es in unserer Gruppe zugehen wird.«
Die österreichischen Funktionäre waren in den Terminverhandlungen nie sonderlich durchschlagskräftig gewesen oder hatten nach dem Stastny-Prinzip (zuerst alle Heimspiele) gehandelt, doch bei der Terminplanung zur Qualifikation 1978 hatten wir unverhofftes Glück mit dem Match DDR gegen die Türkei: Es war ein Schuß vor den Bug, während der DDR-Dampfer bereits gestoppt dalag.

2. Station: Malta gegen Österreich 0 : 1

Am 5. Dezember 1976 starteten die Österreicher auf dem Sahara-Boden des Gzira-Stadions von La Valetta. Das Wort Stadion für diese Steinwüste auf Malta ist eine hochtrabende Bezeichnung, doch das wußten die Österreicher, hatten sie doch schon vier Jahre früher, bei der WM-Qualifikation für 1974, Malta-Erfahrung gesammelt, Senekowitsch hatte von Vorgänger Stastny Tips erhalten. Gegen die Malteser gab es drei wesentliche Punkte: Senekowitsch gab die Formation erst vor dem Spiel bekannt, »Schneckerl« Prohaska fehlte, Walter Schachner war erstmals dabei.
Das entscheidende Tor in der Partie schoß Hans Krankl in der 57. Minute. Ein Pflichtsieg, nicht mehr. (Vier Jahre vorher hatten die Österreicher 2 : 0 gewonnen.)
Doch auch Pflichtsiege bringen zwei Punkte. Die DDR war durch Georg Buschner, dem Macher des DDR-WM-Teams 1974 und des siegreichen Olympiateams 1976 vertreten. Auch Buschner-Assistent Petersdorf war nach Malta geflogen. Die DDR siegte am 2. April 1977 wie Österreich 1 : 0. Tat sich genauso schwer wie Österreich.

3. Station: Österreich-Türkei 1 : 0

Am 17. April 1977 trat Österreich zum zweiten Qualifikationsspiel an, die türkische Nationalmannschaft war der Gegner. Aus allen Teilen Österreichs und auch aus der Bundesrepublik eilten türkische Gastarbeiter nach Wien; für die Mannschaft mit dem Halbmond auf der Brust war es beinahe ein Heimspiel, als Türkenchef Metin Türel seine Mauer im Praterstadion errichten ließ. Diesmal war »Schneckerl« Prohaska dabei, Walter Schachner wieder mit von der Partie. Der Donawitzer schoß in der 42. Minute ein Tor, das das einzige bei dieser Belagerung des Türkentores bleiben sollte. Dieses 1 : 0 bedeutete: Österreich führte in der Qualifikationsgruppe 3, »Mustafa« Senekowitsch mußte nicht die »seidene

Schnur« nehmen, sein Kopf saß wieder fest. Fußballpräsident Karl Sekanina hatte nämlich vorher gedroht, Senekowitsch müsse gehen, blieben die erhofften zwei Punkte aus. Jetzt war Österreich der DDR bereits einen Punkt voraus, denn Remis in Dresden, aber Sieg in Wien.

4. Station: 9 : 0 in Salzburg gegen Malta

Am 30. April 1977 gab es in Salzburg einen zweifachen Rekord: Mit 9 : 0 feierten die Österreicher den höchsten Länderspielsieg ihrer Geschichte, mit sechs Toren war Hans Krankl der erfolgreichste Schütze. National wie international in einem Pflichtländerspiel.
Über die Malteser ist wenig zu sagen, sie versuchten von Anpfiff weg das 0 : 0 zu verteidigen, hatten aber gegen die von Senekowitsch auf aggressiv eingestellten Österreicher keine Chance. Der Teamchef forderte Tore, wohl wissend, daß jeder Treffer entscheidend sein könne. So hätte ja auch vier Jahre zuvor gegen Malta ein 5 : 0 zur Qualifikation gereicht, doch die Österreicher schlugen am 30. April 1972 Malta in Wien 4 : 0.

5. Station: 1 : 1 gegen die DDR in Wien

Die Pflicht war getan, die Muß-Punkte mehr oder weniger schön errungen worden, doch am 24. September 1977 schlug die Stunde der Wahrheit, war die Sportgroßmacht DDR im Praterstadion zu Gast. Mit Krieger, Jara, Hattenberger, Hickersberger und Kreuz standen erstmals fünf Legionäre in der Senekowitsch-Mannschaft, Prohaska mußte wieder zuschauen.
Das Rezept ging auf, Willy Kreuz schoß in der neunten Minute das schnelle Tor, den frühen Führungstreffer. Die Österreicher spielten überlegen bis zur 39. Minute, als Keeper Friedl Koncilia die Vier-Schritt-Regel verletzte, mit seinem Ballaufwerfen beim Waliser Schiedsrichter Reynolds aneckte, der einen Indirekten gegen Österreich pfiff, aus dem Hoffmann das 1 : 1 schoß. Die im Feldspiel klar unterlegenen Gäste hatten ausgeglichen, sich in jener Phase, in der die Österreicher dominierten, clever erwiesen.
Den billigen Ausgleich der DDR verkrafteten unsere Spieler, sie waren nach Seitenwechsel wieder feldüberlegen und in der 86. Minute köpfelte Krankl das 2 : 1. Tom Reynolds, ganz und gar nicht mehr objektiv durch Spieler- und Zuschauerproteste, aberkannte den Treffer. Sepp Stering sei abseits gewesen, lautete seine Begründung, doch war es passives Offside. Der Referee hatte eine andere Meinung, annullierte den Treffer. Der große Kampf der Österreicher wurde nicht mit zwei Punkten belohnt. Georg Buschner, der DDR-Chef, sah sich als Sieger, was er so ausdrückte: »Sollten sich weder die Österreicher noch meine Spieler für die WM in Argentinien qualifizieren, das Schiedsrichterteam ist wm-reif.« Der

unterlegene Gast dankte einem schwachen Referee für den geschenkten Punkt.
Fußballerisch waren die Österreicher überlegen gewesen, doch in der Einstellung noch immer zu amateurhaft, gaben so einen durchaus möglichen Sieg aus der Hand. Resultat: Punkt und Krankl durch Ausschluß verloren. Stets-Optimist Helmut Senekowitsch wurde nach diesem Punkteverlust schwach, zweifelte insgeheim selbst an dem Gruppensieg. Nach außen verkündete er sein, »jetzt erst recht«.

6. Station: 1 : 1 in Leipzig gegen die DDR

Bereits am 12. Oktober folgte das Retourspiel in Leipzig. Zur großen Überraschung der Österreicher waren die Leipziger Bewohner keine Fanatiker, sprachen sogar davon, daß die DDR-Mannschaft in Wien zu einem schmeichelhaften Unentschieden gekommen sei. Noch immer war Österreich um einen Punkt voraus, doch eine Niederlage in Leipzig hätte die Entscheidung in der WM-Qualifikation zugunsten der DDR bedeutet. Selbstverständlich mußte im Leipziger Zentralstadion der Hausherr als Favorit gelten.
Wie sehr selbst von höherer ÖFB-Seite der Gastgeber das Vertrauen hatte, zeigte ein Interview, das Sportdirektor Max Merkel am Morgen des Schicksalsspiels österreichischen Journalisten gab. Dabei sagte Max Merkel: »Der Posten des Bundeskapitäns ist noch immer frei. Sobald der Vertrag mit Senekowitsch ausläuft, wird es in Österreich wieder einen Bundeskapitän geben.« Und dieser Bundeskapitän wird Max Merkel sein? »So ist es.« Senekowitsch aber könne unter Merkel Teamtrainer bleiben, meinte Max.
Und diese Brüskierung wenige Stunden vor dem entscheidenden Qualifikationsspiel in der Ausscheidung.
Für den in Wien ausgeschlossenen und für ein Länderspiel gesperrten Hans Krankl nahm der Bundestrainer Ballkünstler Herbert Prohaska in die Mannschaft. So hatte Österreich mit Prohaska, Hattenberger, Hickersberger und Jara ein Übergewicht im Mittelfeld, das auch in Leipzig seine Stärke bewies. Die beiden Sturmspitzen Kreuz und Stering sorgten für eine stete Bedrohung des Tores von Jürgen Croy.
In der 42. Minute kam der große Auftritt des Stuttgart-Legionärs Roland Hattenberger: Der Tiroler ließ Libero Dörner und Kische aussteigen, täuschte auch noch Croy und schoß das 1 : 0 für Österreich.
Bei einem Stering-Durchbruch schien Croy bereits geschlagen, flog in die falsche Ecke, rettete aber mit den Füßen! Wie in Wien waren die prachtvoll spielenden Österreicher dem 2 : 0 näher als die DDR-Mannschaft dem Ausgleich. Doch statt 2 : 0 hieß es wie in Wien 1 : 1. Der neu eingewechselte Leipziger Löwe stellte in der 51. Minute auf 1 : 1.
Im Finish setzten die Gastgeber alles auf eine Karte, doch Friedl Koncilia konnte Bomben von Riediger, Löwe und Schade entschärfen.

Der beinharte, hektische und zeitweise ruppig geführte Kampf endete 1 : 1, die DDR-Spieler schlichen gesenkten Hauptes in die Kabine, während Senekowitsch jeden vom Schlachtfeld kommenden Österreicher umarmte. Womit die 100000 im Zentralstadion sahen, daß dieses 1 : 1 doch einen Sieger hatte: Österreich. Die Sieger hießen: Koncilia, Sara, Pezzey, Krieger, Breitenberger, Prohaska, Hattenberger, Hickersberger, Jara, Stering, Kreuz und Senekowitsch.
Bei der Pressebesprechung meinte der Betreuer des DDR-Kollektivs, Georg Buschner, seine Mannschaft habe die beste Leistung seit dem Olympiasieg von Montreal geboten. Trost und Aufwertung für ein Team, das den Höhenflug von 1974 nicht fortsetzen, das nach dem 1 : 0 von Hamburg über die Bundesrepublik keine wirklichen Großtaten im allgemein anerkannten (Profi-)Fußball mehr setzen konnte. Diese DDR war gescheitert an einer Mannschaft, die gerade noch dafür geeignet schien, ein paar Spieler für die BRD-Bundesliga produzieren zu können. Diese Österreicher aber hatten in Leipzig die beste Leistung der Qualifikationsspiele geboten, dem Favoriten ein Unentschieden abgetrotzt.
Nun brauchte die DDR Schützenhilfe seitens der Türkei, um doch noch Argentinien zu erreichen.

7. und letzte Station: 1 : 0 in Izmir gegen die Türkei

Am 30. Oktober 1977 wurde in Izmir der Schlußpunkt gesetzt. Die Österreicher visierten noch mit ihrer einmaligen Tordifferenz ein Remis an, das mußte doch genügen. Wozu waren in Salzburg auch neun Tore geschossen worden! Aber als die Österreicher in Izmir erfuhren, daß auch die DDR in Potsdam 9 : 0 über die Malteser gewonnen hatte, da war's mit dem Unentschieden vorbei: Nun brauchten wir einen Sieg.
Die Türkei war im Atatürk-Stadion von Izmir noch nie besiegt worden. Einmal müsse ja der Anfang gemacht werden, sagten die Österreicher. Und sie waren noch siegessicher, als die Orangen von den Rängen flogen, die Einpeitscher Stimmung machten. Die Österreicher trugen Türkendreß: Vom roten Brustbalken war der Halbmond herausgetrennt worden, sonst das Türkenleiberl echt.
Zur Türkenanleihe war es gekommen, weil die Österreicher ihren traditionellen Schwarz-Weiß-Dreß zu Hause gelassen hatten. Eine schriftliche Vereinbarung besagte, Österreich werde in Izmir in der rot-weißen Ausweichgarnitur spielen. Den Türken aber schwante, was die Österreicher anstrebten: Schwierigkeiten mit der Identifizierung der Mannschaften, Applaus für den Gegner. Schließlich gaben die Österreicher nach, spielten in schwarzen Hosen, weißen Leiberln, mit dem roten Balken auf der Brust.
In der Nacht vor dem Spiel, im Stadion vor dem Beginn, war das Spektakel schlimm, das die Halbmond-Fans entfachten. Doch als der Schotte

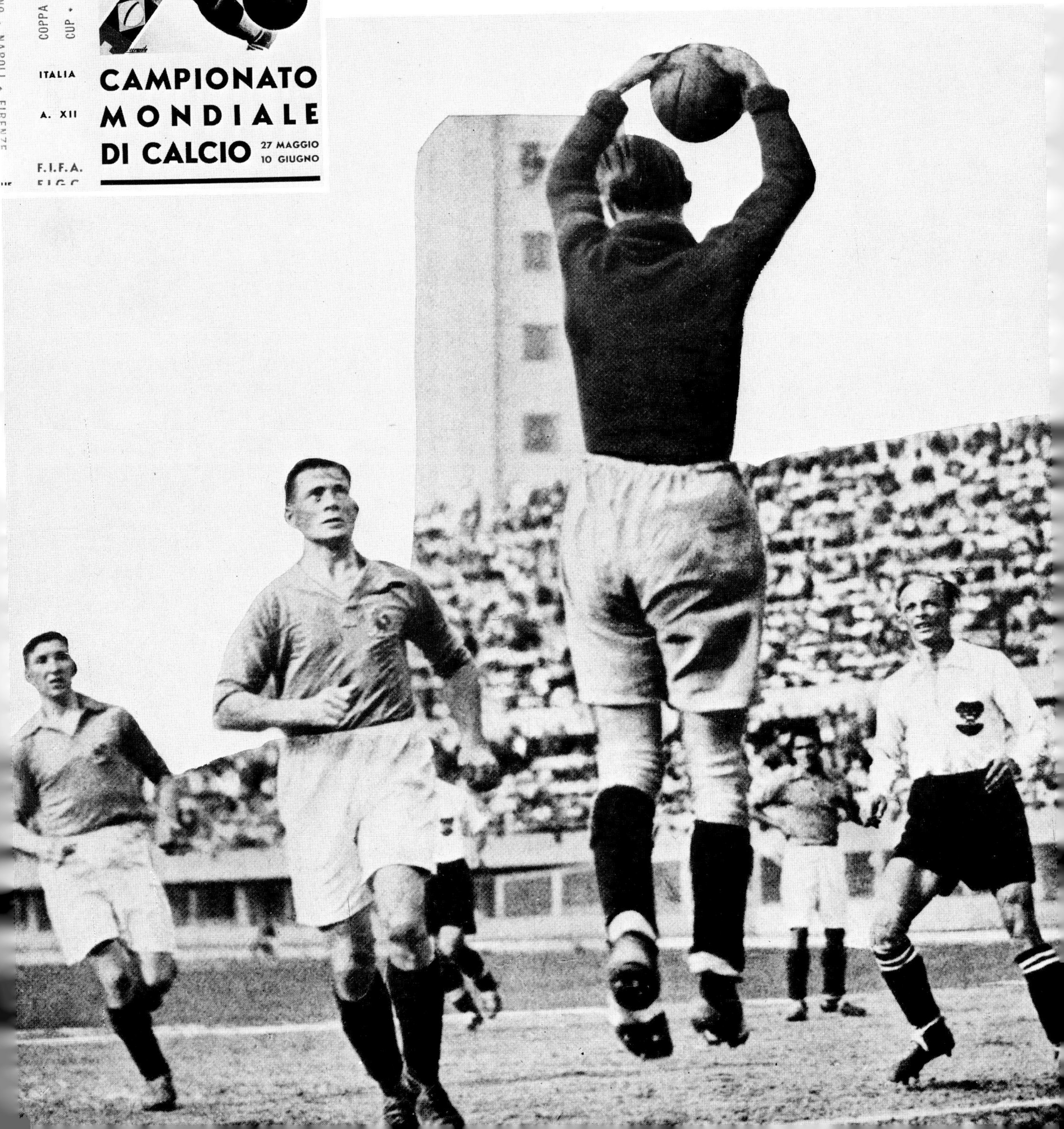

Das erste WM-Spiel Österreichs hat das Datum 27. Mai 1934, Gegner war in Turin bei einer Backofenhitze von 31 Grad Frankreich. Auf unserem Bild fängt Keeper Thepot den Ball vor Matthias Sindelar (rechts).

Eine Sensation bahnte sich ar
als es nach regulärer Spielzeit
1:1 stand. In der 93. Minute
schießt Schall (links) nach Vo
arbeit von Sindelar das 2:1.
Endstand Österreich gegen
Frankreich 3:2. Die Österreicher enttäuschten.

/M 34: Aus Südamerikanern
/urden Italiener, Mussolini forderte
en Sieg; Fußballer traten nach
all und Gegner aus Liebe und
ır Ehre Italiens. Die Fähnchen-
erkäufer hatten Hochbetrieb, die
eidenschaft wurde in nationale
anäle gelenkt.

Zweites WM-Spiel gegen Ungarn. Tormann Platzer rettet vor einem ungarischen Stürmer. Links Cisar, im Tor Sesta. Die Österreicher boten eine sehr gute Leistung und siegten mit 2:1 Toren über die Magyaren.

Semifinale gegen Italien: Peter Platzer fängt vor dem anstürmenden Italiener Guaita. Mit Rechtsaußen Guaita, Monti und Orsi standen drei Südamerikaner in den Reihen der Italiener.

Die Kapitäne bei der Platzwahl: Wunderteammittelläufer Pepi Smistik ist der österreichische Spielführer, Keeper Combi der italienische. Schiedsrichter war der Schwede Eklind.

Italien-Keeper Combi rettet vor dem anstürmenden Zischek durch Faustabwehr. Italien schlug Österreich durch ein umstrittenes Tor 1:0.

Es war in Zürich ein beinharter Fight, in dem Erich Probst (rechts) in der 32. Minute das 1:0 gegen Schottland schoß. Airds Rettungsversuch kommt zu spät.

Sie schufen jenes Team, das 1954 Platz 3 belegte: Edi Frühwirth (rechts) und Trainer Hans Pesser. Nausch (nicht im Bild) war Bundeskapitän.

Start 1954 gegen Schottland: Erich Probst beobachtet den Kampf von Walter Schleger (links) gegen einen stämmigen Schottenspieler.

Den Trefferreigen gegen die Tschechoslowakei eröffnete Enst Stojaspal in der 2. Minute. Tschechen-Keeper Stacho ist chancenlos. Resultat 5:0.

Begrüßung der Kapitäne in Lausanne bei »zehn Krügel im Schatten«: Ernst Ocwirk und der Schweizer Roger Bocquet (rechts).

Kurtl Schmied klärt vor Fatton (Nr. 17). Links Poldl Barschandt, rechts Karl Koller. Ein bis zum Schlußpfiff turbulentes Match ...

... mit insgesamt zwölf Toren, was WM-Rekord bedeutete. Resultat 7:5 (5:4) für Österreich. Von links: Stojaspal, Neury, Probst.

Kurtl Schmied erlitt einen Sonnenstich (40 Grad im Schatten) und mußte, betreut von Masseur Pepi Ullrich, die Partie zu Ende spielen.

Ernst Happel, auch Weltmeister genannt, ist schneller als der Schweizer Mittelstürmer Hügi. Österreich war im Semifinale.

Deutschland war der nächste Gegner, Alfred Körner bleibt gegen Liebrich Sieger. Doch allzu viele Zweikämpfe sollten die Österreicher nicht gewinnen.

Morlock springt höher als Koller (Nummer 3 ist Happel). 1:6 gegen die Deutschen, das tat weh. Edi Frühwirth gratuliert Herberger. Daneben Edi Finger.

Gegen Uruguay machten die Österreicher vieles wieder gut, 3:1 und Platz 3. Turl Wagner schießt aufs Tor von Maspoli.

WM 1958 in Schweden, der WM-Dritte von 1954 bekommt es im ersten Spiel mit Brasilien zu tun. Nilton Santos gegen Horak – 0:3.

Österreich gegen die UdSSR, Pauli Kozlicek wird im Strafraum der Sowjets gelegt. Der Däne Jörgensen entscheidet auf Elfmeter.

Hans Buzek tritt an – Wunderkeeper Jaschin hält. Er habe sich schon vor dem Schuß in die (richtige) Ecke geworfen, meint Buzek.

Jaschin und Buzek verlassen gemeinsam das Feld (Bild oben). Rechts die Betreuerbank beim Elfer: Prim. Dr. Jelinek, Fuchs, Teamchef Argauer, Molzer.

Abfahrt zum Match: Fredl Körner, dahinter Pauli Kozlicek, Sportlehrer Molzer, Max Horak, Paul Halla und Propagandareferent Langisch.

Ein englischer Angriff wird von Keeper Rudi Szanwald abgewehrt. Links: der großartige Franzi Swoboda. Österreich gegen England endete 2:2.

Start zur Ausscheidung für die WM 1966 in England. Gegen die DDR in Wien spielten: Koller, Halla, Buzek, Glechner, Kremser, Sturmberger (stehend). – Vorne hockend: Viehböck, Seitl, Fraydl, Hirnschrodt und Erich Hof.

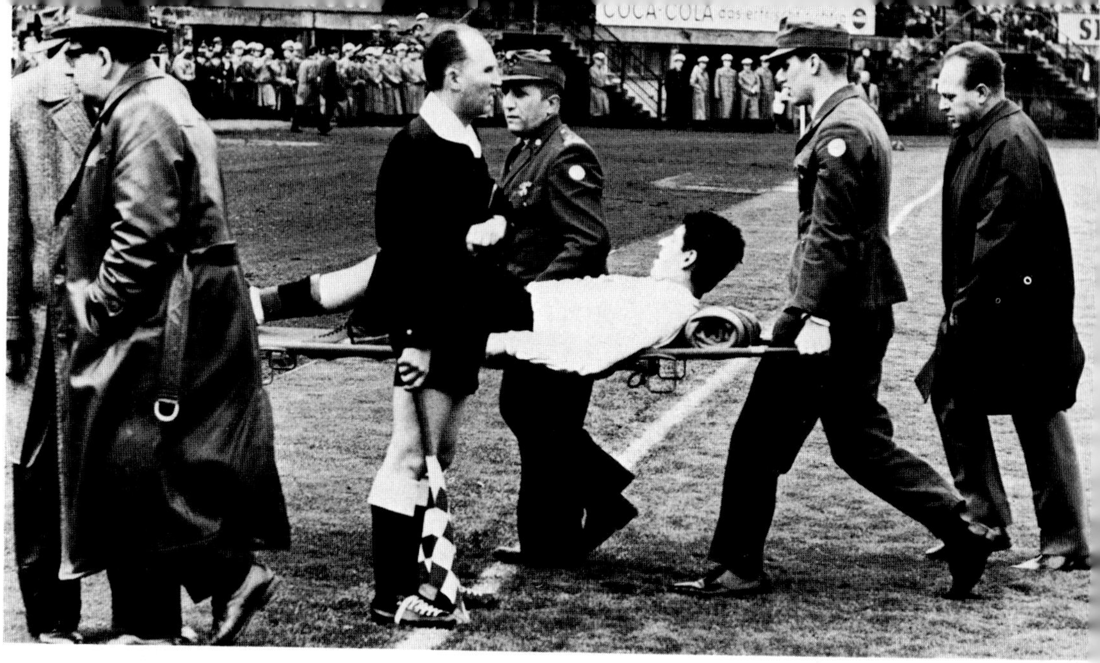

Am 25. April 1965 kam es in Wien zum ersten Zusammentreffen zwischen Österreich und der DDR. In der 12. Minute krachten Glechner und Stöcker zusammen, Glechner wurde mit Schienbeinbruch hinausgetragen.

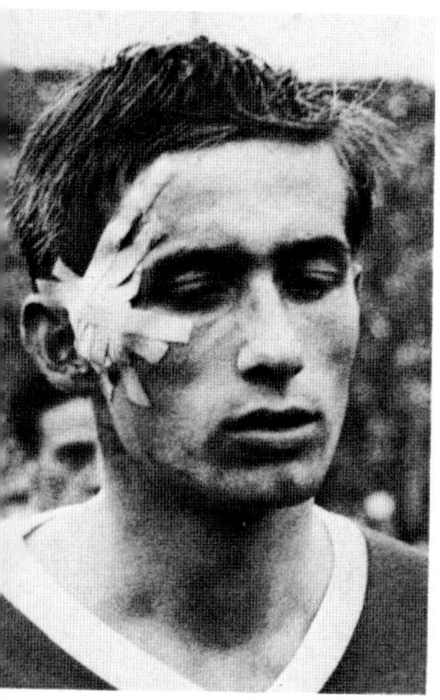

Nach dem Wiener 1:1 ging es in Leipzig beim Rückspiel wieder turbulent zu. Dirnberger (Bild oben) erlitt eine Jochbeinverletzung, Buzek (rechts) eine Gehirnerschütterung.

Seitl zieht im Luftkampf den kürzeren. Die DDR siegte in Leipzig 1:0. Hätte nicht Fraydl einige »Unhaltbare« gemeister das Resultat wäre weniger schmeichelhaft gewesen. Österreich war Letzter.

Auch gegen die Ungarn setzte es in der WM-Ausscheidung 66 Niederlagen. In Wien 0:1, in Budapest 0:3. Szanwald ist geschlagen ...

... die Österreicher verlassen deprimiert das Spielfeld des Nep-Stadions. Vorne Teamchef Frühwirth, links Binder, Mitte Hirnschrodt.

Ein neuer Anlauf, diesmal für die WM 70. 7:1 gegen Zypern, Hof (links) schießt fünf Tore. Bild links: Teamtrainer Pesser und Bundeskapitän Alge.

*Auf Zypern folgt im Prater-
stadion das Qualifikationsspiel
gegen Deutschland, Eigenstiller
im Duell mit Gerd Müller, der
auf bestem Wege ist, sich an
die Weltspitze zu bomben.*

Eigentor in der 49. Minute; ein Paß von Netzer für Müller, Eigenstiller fährt dazwischen, der Ball wird abgelenkt und senkt sich ins Tor. Harreither kann das 0:2 nicht mehr abwenden. Die Entscheidung ist gefallen.

Beim Retourspiel am 10. Mai schlagen sich die Österreicher bravourös. 88 Minuten lang. Dann gelingt Heynckes (Bild oben) im Fallen ein Paß zu Müller, weder Sturmberger noch Fraydl können das Tor verhindern.

Hier das Müller-Tor aus anderer Perspektive. Das Bild unten drückt alles aus: Wieder einmal besiegt, wieder einmal Pech ... Was soll man da tun? Eigenstiller und Fraydl verstehen die Welt nicht mehr.

Im Hampdon-Park-Stadion von Glasgow gehen die Österreicher durch Starek (Zweiter von links) 1:0 in Führung, die Schotten siegen dann doch 2:1.

2:0 in Wien über Schottland – doch Deutschland ist für Mexiko qualifiziert. Über das 2:0 freuen sich Parits, Ettmayer, Sturmberger, Redl.

Kampf um die WM-Teilnahme 74: Auf dem graslosen Boden von La Valetta wird Malta 2:0 geschlagen. Köglberger (links) jubelt nach seinem 1:0. Das zweite Tor fügten sich die Malteser selbst zu.

Im Wiener Stadion freut sich Hickersberger, der drei Tore schoß. Österreich schlug Malta 4:0. Wie sich im Laufe dieser Qualifikation zeigen sollte, fehlte in der Endabrechnung ein einziger Treffer.

Bild rechts: Budapest ist fest in österreichischer Hand. Hier besetzen Schlachtenbummler die Fischerbastei. Es ging recht fröhlich zu.

Bild links: Österreichs Tormann Stachowicz faltet die Hände, die Ungarn führen in Wien mit 2:0 Toren. Schließlich hieß es doch 2:2.

Bild rechts: Ein Heimspiel war das 2:2 im Nepstadion für die Österreicher. Die Schlachtenbummler sangen begeistert unsere Hymne mit.

St 400.652

HOLLABRUNN GRÜSST
SIEGEN WIR

2:0 für Schweden durch einen Elfer von Bo Larsson, Rettensteiner ist geschlagen. Im Bild oben vergibt Willy Kreuz eine Chance.

Jara gegen Nordqvist und Andersson. Die Schweden waren auf dem Schneeboden von Gelsenkirchen die Glücklicheren und siegten mit 2:1.

Hattenberger kontra Mizzi – das war der Auftakt zur Qualifikation für die WM 78 in La Valetta. Das Resultat 1:0 für Österreich.

Mizzi liegt geschlagen auf dem harten Boden, der Ball zappelt im Netz und Schütze Hans Krankl (Nr. 9) dreht ab.

Zweites Ausscheidungsspiel, die Türke wird in Wien 1:(geschlagen. Schachne schoß in der 43. Minut das Siegestor

Das Flascherl fürs Teambaby! »Mama« Koncilia füttert Schachner. Pezzey schaut zu. Schachner feierte in Malta Teampremiere.

Salzburg – Malta ist am Boden zerstört, Krankl und Co. schossen Tor um Tor – Resultat 9:0 für Österreichs Team.

18 000 Zuschauer waren in Salzburg, Friedl Koncilia ist arbeitslos, weit und breit kein Gegner.

Doch wie erging es Maltas Keeper? Gatt zweifelt an der Fußballwelt, ist er doch schon wieder geschlagen.

Das war das 1:0 für Österreich durch Willy Kreuz in der 9. Minute. Der Rettungsversuch von DDR-Libero Dörner mißlingt, der anvisierte frühe Führungstreffer gelang. Die Österreicher beherrschten die Szene.

Doch nicht 1:0 für Österreich, sondern 1:1 endete das Match gegen die DDR. Eine überflüssige Spielerei von Koncilia, ein »Indirekter« gegen Österreich, blitzschnelles Abspiel und Hoffmann schafft den Ausgleich.

Die Österreicher bestürmen den Waliser Schiedsrichter, der Reißaus nimmt. Schließlich schließt Reynolds den Schützen des Tores, Hans Krankl, aus.

Tor für Österreich durch Krankl in der 85. Minute. Doch Referee Reynolds (Wales) anerkannte den regulären Treffer nicht. Die DDR war der glückliche Gewinner dieses 1:1.

Das war doch Tor, sagt wohl Koncilia zu Schiedsrichter Reynolds. Der Brite läßt sich nicht beirren! Eine schwache Schiedsrichterleistung, der nur die DDR applaudiert.

Retourspiel in Leipzig: Die Österreicher stürmen und in der 42. Minute schaltete Hattenberger Tormann Croy aus, schoß zum 1:0 für die Gäste ein. Eine Überraschung bahnt sich an, denn die Gastgeber waren klare Favorits gewesen.

Der Rettungsversuch der DDR-Abwehr kommt zu spät, Hattenbergers Ball ist im Netz. Ein Traumtor der Österreicher im Leipziger Volksparkstadion. Erstaunlich, daß sehr viele Leipziger den Österreichern überaus wohlgesinnt gegenüberstanden.

Jubel nach dem 1:1 in Leipzig, Teamchef Senekowitsch und Torschütze Hattenberger freuen sich über dieses unerwartete Remis in Leipzig.

1:1 –! doch die DDR-Spieler verlassen niedergeschlagen das Feld. Nur durch ein Wunder können sie noch Argentinien erreichen. Links: Sparwasser, Mitte: Torschütze Löwe.

Mit Bauchweh kamen die Österreicher nach Izmir. Gar als sie vom Bombensieg der DDR über Malta hörten, erwarteten sie die Hölle. Doch zuerst kamen hübsche Mädchen.

Ein Einpeitscher sorgte für Stimmung im vollen Stadion, dann blies die türkische Kapelle die österreichische Bundeshymne, schließlich gaben die Österreicher den Ton an.

Das goldene Tor dieser WM-Qualifikation erzielte Herbert Prohaska in der 70. Minute. Türkenkeeper Eser hat gegen den Schuß des Österreichers keine Chance. Mit diesem Treffer gewinnt Österreich 1:0 und ist in Argentinien.

Jubel! Jubel! Jubel! Erstmals nach zwanzig Jahren ist Österreich wieder bei der Endrunde der Fußball-Weltmeisterschaft. Herbert Prohaska erzielte das wichtigste Tor seiner Karriere, schoß Österreich nach Argentinien.

Gordon anpfiff, geizten die 80 000 eher mit Applaus. Vielleicht auch deshalb, weil die Österreicher das Kommando übernahmen.
Es war kein großes Spiel, zu groß war die Nervosität bei den Österreichern. In der 60. Minute schoß Prohaska endlich das 1 : 0. Jener Prohaska, der drei Jahre zuvor als Neunzehnjähriger in Istanbul beim 1 : 0-Auswärtssieg über die Türkei sein Teamdebüt gefeiert hatte. Mit seinem Schuß brachte »Schneckerl« Österreich wieder in den Kreis der Weltbesten zurück. Zwanzig Jahre waren unsere Fußballer nicht bei der WM-Endrunde gewesen, nun durfte auch jenes Land wieder starten, das einst mit Spielkultur und Witz die Kick-and-Rush-Kampfart verfeinert hatte.
Worauf schnell eine Platte aufgelegt wurde: »Grüß euch, wir sind aus Österreich, grüß euch, wir sind wieder mit dabei«, Schreiber und Kommentatoren versuchten sich als Sänger.

1. Österreich	6	4	2	0	14 : 2	10
2. DDR	6	3	3	0	15 : 4	9
3. Türkei	6	2	1	3	9 : 5	5
4. Malta	6	0	0	6	0 : 27	0

Der am 22. Oktober 1933 geborene Helmut Senekowitsch verstand es wie keiner vor ihm, die Mannschaft zusammenzuschweißen. Senekowitsch war als Spieler wie als Trainer hungrig. Er ging von Hertha Graz zum Grazer SC und zu Sturm, nach seiner WM-Teilnahme 1958 in Schweden übersiedelte er zur Vienna, der Transfer zum Rekordmeister Rapid war im letzten Augenblick gescheitert. Durch die Decker-Siegesserie ins Blickfeld gerückt, erhielt er 1961 ein Spanien-Angebot und wanderte 1961 zu Betis Sevilla. Nach drei Jahren hatte er von Spanien genug, übersiedelte zu Aufsteiger Wacker-Innsbruck, wo Leopold Stastny sein Lehrmeister wurde.
Das Erfolgsstenogramm seiner Trainertätigkeit: Dritter Platz mit dem GAK, Meister mit VÖEST im Jahre 1974, was eine Sensation bedeutete. Dann zu Admira-Wacker in die Südstadt, wo Senekowitsch auch das österreichische Amateurteam betreute. Ein 0 : 1 dieser Auswahl gegen die stärkste DDR-Vertretung in Erfurt in der Olympiaqualifikation sollte zum Schlüsselerfolg »Sekis« werden: Karl Beck, Vizepräsident des Fußballbundes, der nach dem Abgang von Dr. Heinz Gerö die Geschäfte führte, gab grünes Licht für einen Teamchef namens Helmut Senekowitsch.
Ab 1. April 1976 stand Helmut Senekowitsch unter Vertrag beim Österreichischen Fußballbund.
Mit 18 Teamspielen (fünf Torerfolge) wußte er, was in der Nationalmannschaft gespielt wird, er hatte mit den Großen wie Ocwirk, Hanappi und Koller gespielt, er stand noch mit Friedl Koncilia und »Buffi« Ettmayer in einer Mannschaft. Vormachen konnte ihm keiner etwas.

Helmut Senekowitsch, extrovertiert, ein Kumpeltyp, besser: a klasser Bursch (so sein ehemaliger Kollege im Decker-Erfolgsteam Horst Nemec), versuchte nie aus Fußball eine Wissenschaft zu machen, suchte stets in der Tat den Torerfolg. Machen Fachkenntnis und Führungsstil einen Trainer aus, so fand Senekowitsch instinktiv den richtigen Weg: Das nötige Fußballwissen hatte er sich angeeignet, sein Stil lautete: Mitbestimmung, Demokratie in der Mannschaft. Es wäre auch unmöglich gewesen, bei den Endzwanzigern und Dreißigern Koncilia, Hickersberger, Krieger, Sara, Kreuz den Diktator zu spielen.
Auch das Glück gehört im Fußball dazu – und Senekowitsch hatte es. So lautete das Ziel der Legionäre, einmal im Fußballerleben bei einer WM dabeisein. Ein Ziel, das auch Senekowitsch hatte. So wurden die Angriffe, die Fußballpräsident Karl Sekanina lancierte (»Ich habe ihn bewußt provoziert«), zur Stärkung des Teamchefs, denn die Spieler und die Anhänger standen um so fester hinter Senekowitsch, während die Sekanina-Attacken für den Fußballpräsidenten eher zum Bumerang wurden. Als Senekowitsch am 12. Juli 1977 zu Sekanina ging, um ihm den »Krempel hinzuschmeißen«, wurde daraus wiederum ein Erfolgsfaktor für »Seki«: Sekanina überredete Senekowitsch zum Bleiben – schließlich hatte er ja keinen Ersatz. Nachdem der Ersatz da war, nämlich Merkel, bildeten Spieler und Teamchef wieder eine Front, weil doch Merkel auch dann noch gegen den österreichischen Fußball und seine Akteure wetterte, als Rot-Weiß-Rot auf der Siegerstraße marschierte. So spielten Koncilia, Hickersberger und Kollegen für sich und für Senekowitsch und gegen Merkel. Die Koordination war einheitlich auf Sieg gestellt.
Daß der Tüchtige auch das nötige Glück hat, bestätigte diese Qualifikation: In Wien beim 1 : 1 gegen die DDR mußte Prohaska pausieren, in Leipzig war er dabei, da Krankl wegen seiner Sperre ausfiel. Die Aufstellung war somit gegeben. Sollten die Helden von Leipzig in Izmir spielen? Krankl war doch wieder einsatzfähig! Mußte wieder Herbert Prohaska zuschauen? Da wurde der Bundestrainer der Entscheidung, die nicht so einfach gewesen wäre, enthoben: Hickersberger fiel wegen einer Blinddarmoperation aus, konnte den Flug nach Izmir nicht mitmachen. Prohaska spielte, schoß das goldene Tor.
Senekowitsch verstand es auch, den Führungsstab zusammenzuschweißen: Seinen Trainerkollegen Georg Schmidt, Teamarzt Dr. Hans Behawetz, Masseur Pepi Flenner, Teamkoch Georg Pesek, sie wurden zu fanatischen »Seki«-Anhängern.
Einer vom Erfolgsteam hatte großes Pech: Sepp Stering, der viel zum Sieg in der Qualifikation beigetragen hatte, erlitt in Innsbruck im Meisterschaftsspiel gegen Admira-Wacker bei einer Attacke von Nowak einen Schien- und Wadenbeinbruch und fiel für die Weltmeisterschaft aus. Sepp Stering, der große Kämpfer des Qualifikationsteams, der Mann, der in Argentinien einen Fixstartplatz gehabt hätte, war zum großen Pechvogel geworden.

Zum großen Erfolg in der Qualifikation aber hatte auch die im April 1974 unter Fußballpräsident Dr. Heinz Gerö beschlossene Reform des österreichischen Fußballs beigetragen, nämlich die Schaffung der Zehnerliga. Bei den insgesamt 36 Runden während einer Saison wurde den Spielern weit mehr als in den früheren Meisterschaftsspielchen abverlangt. Die Zehnerliga war letztlich nicht nur für die WM-Qualifikation entscheidend, sondern auch für die österreichischen Erfolge in den Europacupbewerben.

Sensationeller Aufstieg endet mit Traumsieg

Der ungeahnte WM-Triumph

Bei der Auslosung der WM-Endrunde war Österreich mit den Persern und den Tunesiern in den letzten Topf geworfen worden. Einfach skandalös, kommentierte das Fußballvolk wütend, die Nachfahren des Wunderteams zum Entwicklungsland zu stempeln. Schmerzlindernd, daß auch die Franzosen unser Schicksal teilten. Frankreich traf es noch härter als Österreich, die Gruppe I war mit Gastgeber Argentinien, den Italienern, Ungarn und Frankreich am stärksten besetzt. Da schien das Los, das uns traf, denn doch gnädiger: Die Mannschaft aus dem Lande des dreifachen Weltmeisters Brasilien, die Schweden und Spanier waren die Widersacher Österreichs. Von Gnade konnte natürlich keine Rede sein, das ›gnädiger‹ nur in der Relation zu den Franzosen anwendbar.
Doch einer scherte sich nicht um Los und ausländische Expertenstimmen: Helmut Senekowitsch. Er machte gegenüber Spielern, Journalisten und Anhängern weiter in Optimismus. Eine Blitzcharakteristik »Sekis« lautete: »Die Brasilianer liegen uns.« Ja richtig, Österreich hatte bis zur WM 1978 sechsmal gegen Brasilien gespielt und noch nie gewonnen, doch stets einen guten Eindruck im Feldspiel hinterlassen. Einmal war auch der Teamchef selbst dabeigewesen: 1958 in Schweden; in dem ersten Spiel zur WM hatten die Brasilianer 3 : 0 gesiegt. Das Cornerverhältnis lautete 10 : 1 für Österreich. Wie gesagt, »die Brasilianer liegen uns«. Gleiches war auch von den Spaniern zu behaupten, gegen die allerdings die Bilanz mit drei Siegen und zwei Niederlagen in fünf Matches positiv zu Buche stand. Blieben die Schweden, an denen Österreich zwar in der Qualifikation für die Deutschland-WM 1974 gescheitert war, aber wie man weiß, sehr unglücklich. Und schwedische Möbel und Möbelhäuser mögen hierzulande einen guten Ruf haben, schwedischer Fußballstil gilt eher als unmöglich, so erfolgreich kann das Spiel der Blau-Gelben gar nicht sein, um einen Meinungsschwenk einzuleiten.
Soweit die Situation. Spieler und Anhänger stimmten alsbald zu. Mit bestandener Aufnahmsprüfung für die WM-Endrunde waren Nörgler und Raunzer anscheinend ausgestorben. In manchen Himmelsrichtungen galten Österreichs Kicker zwar noch immer als zweitklassig, vor allem in jenem Land, das die besten Österreicher als Legionäre verpflichtet. Ge-

rade in der Bundesrepublik wurde der Sieg in der Ausscheidung über die DDR nicht entsprechend hoch eingeschätzt. Doch die Österreicher schauten ohnehin nicht mehr wie auf ein Kommando nordwärts, hörten sie das Wort Fußball.
Die Begleitmusik machten die Österreicher zum Abflug selbst. Und die war in der Tat zweitklassig – oder lag noch eine Oktave tiefer. Es gab ein Gerangel um die Prämien. Und damit das Theater auch einen Coup hatte, wurde gar verlautet, die WM-Expedition stünde in Frage, während der ÖFB verlauten ließ, die Liste einer »Gegenmannschaft« liege schon vor. Wie nicht anders zu erwarten war, kam's zu einer Einigung, denn selbstverständlich mußte man den Fußballern Prämien zusichern, mit denen sie sich bei der Endrunde nicht genieren mußten. An ein Mithalten mit den Gegnern war ohnehin nicht zu denken. Also gab's für die erste Runde 40 000 Startgeld, 10 000 S für jeden Punkt. Sonderprämien sollten gewährt werden bei besonderen Leistungen. Auch über die zweite Finalrunde wurde der Vollständigkeit halber gesprochen, wohl nur, weil die Verhandlungspartner Profis waren. Die Österreicher hielten sich brav ans deutsche Vorbild. Malente, wo Beckenbauer und seine Mitkämpfer ihren Prämienstreit ausgefochten hatten, feierte vier Jahre später im niederösterreichischen Lindabrunn fröhliche Urständ.
ÖFB-Sportdirektor Max Merkel weilte währenddessen schon in Argentinien, spielte den Kundschafter für die Equipe. Und Merkel, getreu seiner Rolle, verteilte bissige Kommentare, hieb speziell nach einer Seite – Richtung eigenes Nest. Als die Weltmeisterschaft mit Deutschland gegen Polen (0 : 0) eröffnet wurde, flog der Sportdirektor nach Wien. Gedenk seines Spruches, er sei nicht bei der Hochzeit gewesen, wolle daher auch nicht beim Begräbnis sein. Was nur zum Teil stimmte, denn wohl war Merkel nicht in Izmir beim 1 : 0-Sieg über die Türkei, doch in Leipzig beim 1 : 1 gegen die DDR gewesen.
Am 1. Juni hatte die Weltmeisterschaft begonnen, am 2. Juni besichtigten die Österreicher den Schauplatz ihres ersten Auftritts, fuhren mit dem Bus ins Velez-Sarsfield-Stadion. Als die Mannschaft das Stadion betrat, verließ es der Gegner gerade. Auch die Spanier hatten das Velez-Sarsfield beschnuppert. In der Eingangshalle stand noch Pirri, im Gespräch mit argentinischen Journalisten. »Servas Pirri«, sagte einer aus der österreichischen Begleitmannschaft, andere zeigten ihre Spanisch-Brocken, »buenos dias«, und Pirri, ganz Señor und (Haus-)Herr, dankte.
Tags darauf sah das Stadion wieder ganz anders aus: Mit 49 000 Zuschauern war es bis auf den letzten Platz gefüllt, versank in einem Meer von rot-gelb-roten Fähnchen und Fahnen. Jeder Österreicher merkte, hier ist Spanien der Hausherr. Die österreichische Vorausabteilung, die im Winter in Argentinien gewesen war, hatte zwar einen Austria-Fan-Club organisiert, bei der Ankunft auf dem Ezeiza-Flugfeld hatten die Austria-Fans auch brav die ihnen in die Hand gedrückten Fähnchen

geschwungen, doch hier im Stadion war der Fan-Club mit freiem Auge nur schwer auszumachen.
Ein Blick auf die hektographierten Aufstellungen zeigte: Señor Pirri ist nicht dabei. Was sich als Irrtum herausstellte, denn die Nummer 18, José Martinez, der Libero, war Pirri. Pirri ist, wie bei spanischen und südamerikanischen Fußballern üblich, ein Künstlername. Obwohl Fixstarter, trug er die Nummer 18 aus Aberglaube; mit dem 18er-Leiberl hatte Pirri bereits 1966 in England gespielt. Damals im Mittelfeld, nun als Libero. Man zieht sich eben zurück.
1970 und 1974 absent, rechneten sich die Spanier gerade im Lande ihrer Enkelkinder große Chancen aus, die zweite Finalrunde zu erreichen. Der Auftakt mit Österreich war nach ihrem Geschmack. Um 13.45 Uhr Ortszeit (in Österreich war es dreiviertel sechs) pfiff der ungarische Schiedsrichter Karoly Palotai bei einer Temperatur von 13 Grad Celsius das Match an. Heftiger Wind wehte die Österreicher in ihre Hälfte zurück, Aktionen, die ins spanische Feld führten, waren vorerst rar.
Dann kam die Schweigeminute im Stadion: Schachner, vom Zweitdivisionär Donawitz, hatte nach einem Longpaß von Pezzey kaltblütig zum 1 : 0 eingeschossen. Später meinte Schachner, eigentlich habe er flanken wollen, doch sei ihm der Schuß »abgerissen«. Was niemand daran hinderte, den Schachner-Treffer als Traumtor zu feiern.
Daß Österreich so zu kontern verstand, verblüffte die Experten. Das hatte Schachner beim Zweitdivisionär Alpine Donawitz gelernt, wo er auf eigene Faust operierte und nur selten auf Hilfe aus den eigenen Reihen hoffen durfte. Walter Schachner, 21, war im letzten Augenblick in den Kader gekommen, im letzten Augenblick fürs Spanien-Spiel nominiert worden. Wohl nur, weil Edi Krieger fürs erste WM-Spiel noch gesperrt, und Stuttgart-Legionär Roland Hattenberger verletzt war.
Was die Zuschauer wie auch die paar Österreicher im Velez-Sarsfield-Stadion verblüffte, war die Disziplin der Mannschaft. Da wurde betont vorsichtig operiert, das eigene Tor nie entblößt. Doch der Ausgleich war nicht zu verhindern, Dani schoß das 1 : 1. Koncilia stand wohl richtig postiert, doch Erich Obermayer lenkte den Schuß Danis ein wenig ab – unerreichbar für den Keeper. 1 : 1 in der 21. Minute, elf Minuten nach dem Führungstreffer. Nach Seitenwechsel schien es, als gäben sich die Österreicher mit dem Unentschieden zufrieden, als hätten sie nicht den Mut, ein Risiko einzugehen. Dabei spielten sie, wie ihnen Senekowitsch eingebleut hatte: diszipliniert.
In der 76. Minute schoß Willy Kreuz, der robotete wie es keiner von ihm erwartet hatte, aufs Tor von Miguel Angel, und Hans Krankl besorgte das weitere: 2 : 1 für Österreich. Und dabei blieb es. Als die argentinische Begleitmannschaft die Österreicher ins 40 km entfernte Trainingsquartier nach Moreno brachte, fuhren sie durch ein applaudierendes Spalier: Beifall auf offener Straße. Schon im Stadion hatten die Argentinier Fairneß gezeigt und dem Sieger Anerkennung gezollt. Was etwas hei-

ßen mag, denn Spanien war den Gastgebern die zweitliebste Mannschaft.
Boshafte Frage eines Kritikers: Wozu war ein Fan-Club organisiert worden, wenn eh alle Austria-Fans sind? Ja, doch nur bei gutem Spiel!
Frage des Seelsorgers der Österreicher, des 47jährigen Kaplans Friedrich Pechtl: Wo werde wohl in der Heimat das 2 : 1 über Spanien gefeiert werden? Natürlich beim Heurigen, war die einhellige Antwort. Und Koch Georg Pesek kredenzte zum Siegesmahl Schinkenrolle, Gemüsesuppe und Wiener Schnitzel. Beim Nachtisch sagte Herbert Prohaska für alle: »Man arbeitet auf ein Ziel hin, man träumt vom Sieg, doch wenn er eintrifft, ist man verblüfft und kann es gar nicht fassen. Es ist jedenfalls ein wunderbares Gefühl, Spanien besiegt zu haben.«

Die Schweden hatten im zweiten Gruppenspiel mit einem 1 : 1 in Mar del Plata gegen Brasilien überrascht. Das bedeutete ein Hoch für die Skandinavier, während Brasiliens halbe Fußballwelt zusammenbrach. Der Waliser Clive Thomas beendete das Spiel in dem Augenblick, als Nelinho einen Corner zur Mitte schoß und der Ball in der Luft war. Der Groll der Brasilianer richtete sich gegen den Waliser, denn Zico hatte den Ball zum 2 : 1 eingeköpfelt. Die Schweden waren verblüfft als sie hörten, daß das Tor nach dem Schlußpfiff erzielt wurde.
Brasiliens Trainer Claudio Coutinho war noch einmal davongekommen, die Cariocas fanden eine andere Zielscheibe – Thomas. Coutinho hatte zuerst schon mit einer geglückten Europatournee vor der WM seinen Kopf retten können. Pianist und Fußballtrainer Aby Ericson, der wie Helmut Schön bereits bei der Weltmeisterschaft 1974 mit seiner Mannschaft in Deutschland dabeigewesen war, wurde mit diesem Punkt gegen den vermeintlichen Gruppenfavorit Brasilien zum großen Sieger. Nun kam der schlaue Aby mit seinen kühlen Recken im Velez-Sarsfield-Stadion gegen Österreich dran.
Helmut Senekowitsch hoffte noch schlauer als Ericson zu sein, und wartete mit einer Überraschung auf: Der Held des Spanien-Spieles fehlte, Walter Schachner mußte pausieren, für ihn war Edi Krieger gekommen. Österreich spielte mit zwei Liberi: mit dem wiederum großartigen Erich Obermayer, dem Libero in der Verteidigung, und mit Edi Krieger, Libero im Mittelfeld, hinter den Mittelfeldspielern Prohaska, Hickersberger, Jara. Die Angst vor schwedischen Konterschlägen hatte Senekowitsch diese Aufstellung diktiert. Der Erfolg gab Senekowitsch recht.
Es war die 42. Minute, als Jubilar und Weltrekordler Björn Nordqvist den durchbrechenden Hans Krankl attackierte und der holländische Referee Corver Elfmeter pfiff. Krankl verwandelte zum 1 : 0. Es sollte der Siegestreffer sein. Natürlich konnte die Frage nach der Berechtigung des Pfif-

fes nicht ausbleiben und die Antwort wurde von der Nationalität bestimmt: Schauspielerei, sagten die Schweden, Foul von Nordqvist, die Österreicher. Tatsächlich war Nordqvist in seinem 110. Länderspiel nicht mehr der Schnellste, mußte öfter zu kleinen Tricks Zuflucht nehmen. Auch erinnerten die Österreicher daran, was 1973 in Gelsenkirchen gewesen war, als DDR-Referee Glöckner ein Foul von Sandberg an einem österreichischen Abwehrspieler ungeahndet gelassen, dafür aber das darauffolgende Vergehen des österreichischen Tormannes gepfiffen hatte. Das war die Karikatur eines Elfers gewesen.
Die Argentinier kümmerten sich nicht um diesen Elfer, stellten nur fest, der Sieger hätte 3 : 0 statt 1 : 0 gewinnen können; Hellström war's, der schwedische Wunderkeeper, der zahlreiche Möglichkeiten der Österreicher verhinderte.
Wer's noch nicht gemerkt hat, weiß es jetzt: Die Österreicher sind kein Prügelknabe, das 2 : 1 über Spanien war kein Zufall. Die Österreicher sind erstklassig und in der zweiten Finalrunde. Unfaßbar schier, doch nicht nur was die Punkte und Tore betrifft, auch in bezug auf gelbe Karten: Kein einziges Mal Gelb in zweimal neunzig Minuten. Die Österreicher spielen nicht nur gut, sie benehmen sich auch gut! Grüß Gott, Herr Referee!
Im Weltteam der argentinischen Zeitung »Clarin« schienen vier Österreicher auf: Kapitän Robert Sara, Vorstopper Bruno Pezzey, der offensive Mittelfeldspieler Kreuz – er war gegen die Schweden die große Sensation – und Mittelstürmer Hans Krankl. Autokolonnen auf dem Ring in Wien – aber zur Siegesparade im Schritt fahrend.
Als Krankl mit dem Elfer Ronnie Hellström bezwang, gellte ein millionenfacher Siegesschrei durch das Land, saß doch Österreich vom Neusiedler- bis zum Bodensee vor dem Bildschirm. Kaum einer, der sich der Euphorie entziehen konnte. Mag es hinterher manchem peinlich gewesen sein, auch in den Jubelschrei eingestimmt zu haben, so war er während des Spektakels, das die ganze Welt in seinen Bann zog, auch voll der Freude über die Siege von Sara, Krankl, Prohaska, Pezzey und Kollegen.
Auch die Intellektuellen gingen mit der Zeit und diskutierten in diesen berauschenden Tagen über Sinn und Zweck des Fußballs, und die Rechten feierten mit, erfüllt von der Sehnsucht nach der heilen Welt, genau wie der Stehplatzbesucher, während die Linken auf die Unfreiheit verwiesen. Die Unfreiheit des Leistungssportlers und der Militärdiktatur Argentiniens.
»Eierköpfe alle miteinander«, tat wohl der sich mit Kreuz und Krankl identifizierende Anhänger diese Diskussionen ab, fing er mit seinem Radio solche Wellenlängen ein. Er wollte wissen, was in Argentinien geschah. Selbst die Weltrekordversuche der argentinischen Radioreporter hätten ihn mehr interessiert als alle Redereien. Ihre Gooool-Schreie bedurften keiner Übersetzung.

Was die Begeisterung betrifft, so hat Argentinien keine Konkurrenz. Das gilt aber auch, was die Fairneß des Publikums gegenüber den Gästen anlangt. Nirgendwo in Europa gibt es solch enthusiastisches und doch objektives Publikum. Und nirgendwo wird mit sowenig Alkohol gefeiert wie dies bei der WM 1978 der Fall war. Dabei ist in diesem Land Alkohol keine Frage der Peseten. Es wird auch wenige Länder dieser Erde geben, die das Wort Gastfreundschaft derart in die Tat umsetzen wie es die Argentinier taten. Der Argentinier Jorge Luis Borges, Nobelpreisträger für Literatur, gehörte zu einer verschwindenden Minderheit unter 25 Millionen Argentiniern, die bei »El Mundial« abseits stand. »Fußball ist ein Elend, eine frivole Angelegenheit«, sagt er – und zog sich während der WM in die Einsamkeit zurück, wo ihn der Gooool-Schrei nicht erreichte.
Max Merkel, der erste Angestellte des Österreichischen Fußballbundes, in der Rangordnung über Senekowitsch stehend, wenngleich auf Grund der Verträge nicht dem Teamchef befehlen könnend, heulte im Wiener Fußballhaus einsam, was in München dann gedruckt wurde: »Meine lieben Landsleute haben zwar acht Tage lang geglaubt, sie würden Weltmeister, weil sie nicht gesehen hatten, gegen wen sie gewonnen haben und in welchem Zustand diejenigen waren, ... Aber dann haben sie doch gemerkt, daß es im internationalen Fußball Dinge gibt, die man nicht erlernen kann, wenn man jahraus, jahrein gegen Kapfenberg spielt.«
Die Anti-Österreich-Kampagne Merkels stachelte die österreichischen Kicker nur noch mehr an. Einige hatten sich zwar in der Prunkstraße von Buenos Aires, der Florida, mit Merkel fotografieren lassen (»Man kann schließlich nie wissen, ob er nicht doch als Teamchef Senekowitsch nachfolgen wird?«), Teamkapitän Robert Sara aber erklärte klar: »Wenn Merkel kommt, habe ich das letztemal in der Nationalmannschaft gespielt.«

Nach Bekanntwerden der WM-Auslosung spekulierten viele, daß Österreich vielleicht schon deshalb gegen Brasilien einen Punkt erobern könnte, weil die Brasilos nach zwei Matches die Punkte für den Aufstieg nicht mehr brauchten. Das mit dem »Keine-Punkte-mehr-brauchen« stimmte, doch das Vorzeichen war umgekehrt. Österreich benötigte keinen Zähler mehr, Brasilien kämpfte um den Aufstieg! Bevor das Match im argentinischen Badeort Mar del Plata angepfiffen wurde, waren in beiden Lagern wesentliche Dinge geschehen. Bei den Österreichern gab es eine sportliche Tragödie, als Roland Hattenberger, der zweimal wegen einer Verletzung pausieren hatte müssen, in dem Augenblick als er fit schien, mit seinem ehemaligen Klubkameraden Friedl Koncilia im Training zusammenstieß und für die Weltmeisterschaft ausfiel. Der tieftraurige Hattenberger flog am Tag nach dem Brasilien-Spiel nach Hause.

In Mar del Plata zogen brasilianische Schlachtenbummler vor das Hotel ihrer Mannschaft und verbrannten eine Puppe, die unschwer als Claudio Coutinho erkennbar war. In zwei Matches nur zweimal remis gespielt (1 : 1 gegen Schweden und 0 : 0 gegen Spanien), das war für die Brasilianer gar zuwenig. Die Herren des brasilianischen Fußballverbandes hatten schon zuvor reagiert und Coutinho eine Kommission vor die Nase gesetzt. Um aller Sorgen ledig zu sein, um nicht nach Buenos Aires zum Match Spanien gegen Schweden schielen zu müssen, benötigten die Brasilianer gegen Österreich einen Sieg, um unter die letzten acht zu gelangen.
Brasilien führte 1 : 0 durch ein Tor von Roberto in der 40. Minute.
Wäre nicht vorher an der Gerüchtebörse allerhand los gewesen, man hätte einschlafen können. So aber hoffte jeder, irgend etwas werde sich noch ereignen. Die Runde hatte gemacht: Spanien zahlt Österreich für einen Sieg fünf Millionen Peseten (wann hätten denn die Peseten übergeben werden sollen, vor dem Spiel, zur Pause, nach dem Sieg?), während die Spanier wieder gegen Referee Robert Wurtz ihre Bedenken anmeldeten, da der Elsässer in Brasilien einige Klubspiele gepfiffen hatte.
Auch nach Seitenwechsel änderte sich in Mar del Plata wenig. Das Spiel war weiterhin schlecht, der Rasen ebenso und die Österreicher besserten sich leider auch nicht.
Hätte Bundestrainer Helmut Senekowitsch hasardiert, nach Seitenwechsel mit Schachner und Pirkner zwei Stürmer in das Spiel geworfen, wären zwei Dinge möglich gewesen: Brasilien wäre geschlagen worden, Österreich, der Verabschieder des WM-Favoriten Brasilien, noch dazu in Südamerika, noch dazu in Argentinien, wo die Brasilianer ob ihrer Fußballmeriten nicht gerade beliebt sind! Oder aber Österreich hätte mit zwei Toren Differenz verloren, was Platz zwei in der Gruppe 3 bedeutet hätte. Zum Zeitpunkt des Brasilienspieles war bereits bekannt: In Gruppe A spielen Deutschland und Italien. Ungewiß nur ob Holland oder Peru. Jedenfalls warteten in Gruppe A die Brocken.
Das Match endete 1 : 0 für die Brasilianer, die heilfroh waren, daß ihnen die Schmach eines vorzeitigen Ausscheidens erspart blieb.
»Clarin« schrieb nach der 0 : 1-Niederlage: »Österreich wirkte unbekümmert, unbeteiligt und verlor. Wir wollen nicht sagen, daß die Mannschaft absichtlich verloren hat. Aber gewinnen wollten die Österreicher sicher nicht.« Nach den beiden Hochs vom Velez-Sarsfield-Stadion ein Tief. Ein Tief, das aber nicht zuletzt eine Folge der beiden Siege über Spanien und Schweden war, denn diese Partien hatten Kraft und Substanz gekostet.
Die Brasilianer hatten es also geschafft, doch konnten sie nicht verhehlen, daß sie zur größten Enttäuschung dieser WM wurden, denn was sie boten, erinnerte in keiner Phase an ihre Spiele in Europa, wo sie in Hamburg Weltmeister Deutschland geschlagen hatten. Einen Weltmeister, der weit besser als in Argentinien war. Ähnlich verhielt es sich auch mit

den Brasilianern: Sie hatten ihr Pulver verschossen, noch ehe die WM begonnen hatte.
Verwirrung gab es nach dem 0 : 1: Wer war Gruppensieger, wer spielte weiter in A und wer in B? Das Organisationskomitee des Weltfußballverbandes mußte zusammentreten, denn das Reglement war zu verwirrend, um eine Lösung zu bieten.
Artikel 24, Absatz 6 besagt: »Wenn die Tordifferenz von zwei oder mehreren Mannschaften gleich ist, siegt die Mannschaft, die mehr Tore geschossen hat.« Österreich 3 : 2, Brasilien 2 : 1, also Österreich?
So klar war's auch wieder nicht, denn Artikel 24, Absatz 7 lautete: »Wenn die beiden erstplazierten Mannschaften einer Gruppe die gleiche Punkteanzahl und die gleiche Tordifferenz aufweisen, so entscheidet das Los darüber, welche der beiden Mannschaften als Nummer eins und Nummer zwei ihrer Gruppe betrachtet wird.«
Also nicht Österreich Gruppensieger, das Los bestimmt ihn?
Die englische Originalfassung wurde studiert, Anfragen, Rätselraten, ehe die Entscheidung publik wurde, die René Courte, der Pressesprecher der FIFA, übermittelte: In der Hektik sei vergessen worden, den Artikel 7 zu streichen. Artikel 6 besagte: Österreich ist Gruppensieger.
Es war schon Mitternacht in Buenos Aires, als endlich die Gruppe A feststand: Holland, Italien, Deutschland, Österreich. Buenos noches!

Der Kleinbus, der täglich eine Journalistenladung vom Sheraton-Hotel ins 40 km entfernte Moreno zu den Österreichern brachte, war schon lange zu klein geworden. Nach dem Aufstieg erhielten die Austriacos einen standesgemäßen, großen Bus, der vor dem Hollandmatch auch noch zu eng wurde. Es kam sogar der Engländer Brian Glanville, Journalist und Buchautor, ein Experte, der schon sechs Fußballweltmeisterschaften gesehen hatte.
Natürlich war im Gewerkschaftshaus von Moreno das Zimmerl, wo Senekowitsch die Pressevertreter empfing, auch nicht groß genug, weshalb die Journalisten unterteilt wurden: In deutschsprachige und in andere. Wie so ein Pressegespräch auch aussehen kann, zeigten später ebendort im Sindicato del Segura von Morena die Holländer. Sie logierten nach den Österreichern in Moreno, bereiteten sich fürs Finale gegen Argentinien vor. Die Holländer hatten den großen Speiseraum für die Journalisten aufgesperrt. Sie zeigten zuvor aber den Österreichern noch anderes: Wie man Fußball spielt.
Unstimmigkeiten schon vor Anpfiff des ersten Matches der zweiten Finalrunde bei den Österreichern. Willy Kreuz setzte sich nachdrücklich für die Nominierung von Walter Schachner ein, meinte, daß die Zwei-Mann-Spitze gegen eine so konsequent spielende Verteidigung wie sie

Holland stelle, einfach nicht stark genug sei. Willy Kreuz war nicht nur der Stürmer, der ein Laufpensum von der Größenordnung eines Langstrecklers abgespult und dabei noch größte fußballerische Wirkung erzielt hatte, er brachte auch sechs Jahre Hollanderfahrung mit. Kreuz machte aus seiner Meinung kein Hehl, was Bundestrainer Helmut Senekowitsch in die falsche Kehle bekam: »Aufstellen tu' noch immer ich.« Keine Diskussion darüber.

So war's dann auch, die Österreicher spielten unverändert, wie gegen Schweden und Brasilien und wurden von der Mannschaft, der sie in Wien drei Wochen vor WM-Start in einem Freundschaftsspiel 0 : 1 unterlegen waren, deklassiert: 1 : 5! Ein Trauerspiel! Dabei fehlten bei der Happel-Mannschaft noch die verletzten Rijsbergen und Neeskens.

Die Österreicher gingen selbstbewußt in das Spiel, das Cordoba, 700 km von Buenos Aires entfernt, zum Schauplatz hatte. Der holländische Teamdebütant Brandts sprang in der 6. Minute nach einem Kopfball – 1 : 0. Spielerei von Pezzey, Prohaska mußte die Notbremse ziehen, Rensenbrink schoß den Elfer zum 2 : 0 ein (35. Minute). Eine Minute später besorgte Johnny Rep das 3 : 0. Dann Rep 4 : 0. Libero Obermayer gelang das 1 : 4, Wilhelmus van de Kerkhof das 5 : 1.

Nach der 1 : 5-Schlappe stellte sich die Frage, mit oder ohne Schachner nicht mehr. Was gegen Brasilien begonnen hatte, wurde gegen die Holländer fortgesetzt, nur waren die Oranjes weit stärker als Brasilien. Kapitän Robert Sara warf seinen Mittelfeldspielern – Prohaska, Hickersberger, Jara – vor, sich nicht entsprechend eingesetzt zu haben, während der Vorarlberger Dr. Hugo Häusle, in Cordoba Delegationsleiter, den Frauen die Schuld gab. Anders ausgedrückt: »Die Spieler dachten schon vor dem Match nur an ihre Frauen!« Und: »Ich habe nie geglaubt, daß Sex so eine Rolle spielt«, wunderte sich Häusle.

Das folgende Kapitel wäre besser unterblieben. Es war peinlich. Hauptsächlich deshalb, weil einige sich dumm aufführten.

Es begann damit, daß ein Wiener Bankinstitut lange vor WM-Start versprach, bei Aufstieg in die zweite Finalrunde die Spielerfrauen zur Belohnung nach Argentinien zu fliegen. Eine schöne Geste, so schien's; denn wer, der rechnen konnte, erwartete tatsächlich die Qualifikation unter die letzten acht? Doch auch ein Kreditinstitut kann sich verrechnen. Der Wechsel mußte eingelöst werden. Für unser Damenteam begann ein Spießrutenlauf.

Die argentinische Zeitung »La Razon« schrieb zum Empfang: »Die Frauen der österreichischen Spieler haben sich für ihre Männer schön gemacht. Jetzt können sie kommen. Die Sehnsucht erwartet sie.« Frauen und Freundinnen als Aufstiegsprämie, räsonierte ein Teil der WM-Jour-

nalisten und degradierte sich zu Voyeuren. Vor dem Hollandspiel aber hatten die Spieler ihre Frauen noch nicht zu Gesicht bekommen, weil dichter Nebel den Flug der Damen nach Cordoba zum Match verhinderte.
Die Frauen erwarteten ihre aus Cordoba kommenden Spieler in Buenos Aires am Militärflugplatz. Gemeinsam fuhren sie ins Camp nach Moreno zum Abendessen. Die Rückfahrt in ihr Hotel erfolgte um 10 Uhr des nächsten Tages.
Als bei der Pressekonferenz ebendieses Tages Bundestrainer Senekowitsch nach dem Zeitpunkt der Rückfahrt des Damenbusses befragt wurde, sagte er zehn Uhr abend. Dr. Behawetz, der Teamarzt, verstand nicht, warum Senekowitsch zu lügen und »die natürlichste Sache der Welt« zu einer hochnotpeinlichen Affäre umzumünzen begann. »Sind wir denn im 19. Jahrhundert, daß wir glauben, so was verschweigen zu müssen«, meinte ein wütender Teamarzt.
Nicht wenige der Spielerfrauen waren erbost über das ganze Theater, es war gelungen, ihnen die Freude an Argentinien gründlich zu verderben.
Es war in der Tat zum Kotzen.

Der WM-Streß begann sich auszuwirken. Zum Glück kam wieder ein Fußballmatch, die Spieler konnten sich für das 1 : 5 rehabilitieren, das Damenthema trat in den Hintergrund. Dumm nur, daß der Gegner Italien hieß. Die Italiener hatten sich vom Außenseiter zum Turnierfavoriten hochgespielt, in der Vorrunde sogar Gastgeber Argentinien 1 : 0 geschlagen. Sie waren darüber hinaus angriffsfreudiger und phantasievoller als erwartet. Über ihr Abwehrsystem, ihre Technik und Schnelligkeit erübrigt es sich Worte zu verlieren.
Und Österreich? Demoralisiert nach dem 1 : 5 und am Ende seiner Kräfte. So schien es ... Wollte Italien ins Endspiel, so war, bei einem Sieg Deutschlands über Österreich vorausgesetzt, auch ein voller Erfolg der Azzurri gegen unsere Mannschaft erforderlich. Der rot-weiß-roten Equipe leuchtete ein: Noch ein Debakel und die Erfolge in den ersten Spielen der Endrunde würden vergessen sein, gehörten einer verflossenen Zeit an, reden würde keiner mehr darüber, landete das Team wieder in Wien.
Der Bundestrainer stellte die Mannschaft um, verzichtete auf Breitenberger und Jara, kam mit Strasser und dem allseits geforderten Schachner. Senekowitsch und sein Team durften erstmals im River-Plate-Stadion von Buenos Aires spielen. 50 000 Zuschauer erwarteten einen italienischen Sieg und wurden letztlich auch nicht enttäuscht. Doch auch die Österreicher enttäuschten nicht. Es verdient vor allem Bundestrainer

Senekowitsch Lob, weil er es verstanden hatte, seine demoralisierten Burschen wieder aufzurichten. Kopf hoch kam die Mannschaft ins River-Plate-Stadion und durfte es nach einer großen Leistung auch stolz verlassen.
Er habe gewußt, daß Österreich seine Azzurris fordern würde, meinte Teamchef Enzo Bearzot, doch an ein so schweres Match habe er doch nicht gedacht. Der 1 : 0-Sieg über Österreich sei der bisher wichtigste Sieg Italiens bei der WM, verkündete nachher der Italiener.
Roberto Bettega, der gefürchtete Kopfballspieler, war bei Pezzey in bester Obhut und Jungstar Rossi sah bei Krieger wenig Raum zur Entfaltung. Edi Krieger kam wesentlich stärker zur Geltung als in den Spielen vorher und Bruno Pezzey spielte derart, daß Roberto Bettega in der 71. Minute Graziani weichen mußte.
Das Tor war schon in der 13. Minute gefallen, als der Ball Strasser ans Schienbein sprang, Wunderkind Paolo Rossi, der Torschützenkönig Italiens, dazwischenspritzte und den Ball ins österreichische Gehäuse spitzelte. Das war Pech für Österreich, Pech für Strasser, der eine Partie lieferte, die ihm die wenigsten zugetraut hätten.
Die Österreicher verstärkten nach der Pause den Druck und Italien spielte wieder, was die Experten schon vergessen glaubten:
Catenaccio. Die 50 000 im Stadion schrien »Austria, Austria«, weil die Österreicher so schön stürmten.
»Corriere della Sera« sah es ähnlich: »Ein Sieg voller Angst. Die Azzurri vermochten dem Gegner nicht ihr Spiel aufzuzwingen und litten unter den kühnen Angriffen dieses Gegners . . .«

Die Österreicher hatten ihre Moral wieder, waren mit der Mannschaft vom WM-Beginn gleichzusetzen. Und das nach drei Wochen Argentinien, nach Höhen und Tiefen, Geplänkeln und Querschüssen, wie sie unvermeidlich sind, müssen Männer über längere Zeit freiwillig-unfreiwillig zusammensein. Noch dazu, wenn von 21 (Pechvogel Roland Hattenberger war ja nach Hause geflogen) nur 11 spielen können.
Die Ausgangsposition vor dem Deutschlandspiel: Österreich benötigte zumindest einen Punkt in Cordoba, um die Weltmeisterschaft als das zu beenden, was sie trotz allem schon war: ein Erfolg. Doch ein Punkt in der zweiten Finalrunde, noch dazu gegen Deutschland! Sogar die strengsten Kritiker in der Heimat würden der Mannschaft verzeihen, daß sie nicht als Weltmeister nach Hause kam. Im Ernst: Zum zweitenmal spielte unsere Mannschaft Zünglein an der Waage, zum zweitenmal in Argentinien hatte sie die Möglichkeit, einem Weltmeister den Aufstieg zu verbauen. Was bei Brasilien im letzten Spiel der ersten Finalrunde mißlungen war, glückte es beim Abschied der zweiten Finalrunde?

Titelverteidiger Deutschland war die negative Überraschung der Argentinien-Spiele, daran konnten auch die beiden letzten Ergebnisse (Deutschland gegen Italien 0 : 0, Deutschland gegen Holland 2 : 2) nur wenig ändern. Theoretisch hatte die Schön-Elf sogar noch Chancen, mittels Kraftakt und Massel ins Endspiel zu kommen: Ein Sieg mit fünf Toren Differenz gegen Österreich, gleichzeitig ein Remis zwischen Holland und Italien. Das kleine Finale, das Spiel um den dritten Platz aber wäre für die Deutschen das gewesen, was für uns ein Erfolg über die Deutschen: Garantie für einen schönen Empfang bei der Heimkehr.
Das Spiel in Cordoba begann wie fast alle Spiele gegen Deutschland: Die Österreicher hatten Möglichkeiten, die Deutschen schossen das Führungstor. 1 : 0 durch Rummenigge in der 19. Minute. Die Österreicher waren bei dieser WM noch nie siegreich, gerieten sie ins Hintertreffen. Die Senekowitsch-Mannen spielten gefährlicher, griffen an, machten Tempo – doch kein Tor gelang. Da kam der Hilfszug aus Gladbach: Berti Vogts schlug eine Hickersberger-Krieger-Flanke ins eigene Tor.
Dann stieg der Wert Krankls um Millionen: In der 65. Minute eine Krieger-Flanke zu Hansi, dem Bomber der Nation, Krankl stoppte den Ball und bombte aus der Drehung zum 2 : 1 ein. Das Traumtor dieser Weltmeisterschaft. Sieg nach 47 Jahren über den Erzrivalen? Irrtum. Obwohl die Senekowitsch-Elf klar besser war, gelang Hölzenbein der Ausgleich zum 2 : 2. 67. Minute. Wieder nichts? Deutschland wäre damit im kleinen Finale gewesen. Doch Unsere kämpften, sie spürten ihre Chance, sie wußten: jetzt oder nie. Jetzt! In der 88. Minute überlistete Krankl seinen Bewacher Rüssmann, ging elegant an Libero Kaltz vorbei und schoß das 3 : 2!
Daß es bei der Auseinandersetzung um mehr als um Fußball ging, hatte schon ein Telegramm von den Gefilden des Wörthersees gezeigt, in dem die Absender eine Niederlage Österreichs forderten – damit man die deutschen Urlauber nicht verärgere. Denn vielleicht würden sie in Hinkunft den schönen Wörthersee gar meiden!
Als 1958 in Schweden die Deutschen an nordischer Härte scheiterten, wurden an Touristen-Autos in Deutschland Pneus aufgeschlitzt, in Hotels bekamen Schweden weder Essen noch Zimmer. Handelte da nicht der Fremdenverkehrsverein von Velden gastfreundlicher, als er eine Niederlage Österreichs forderte? Perfektes Service – oder besser: Alles für den Profit! Und diesen Kärntnern erging es wie Merkel: Keiner wurde ausgebürgert.
Ein deutsches Massenblatt verkündete nach dem 2 : 3 in einer zum Greifen großen Schrift: »Untergang«. Anscheinend hatte die deutsche Fußballmannschaft für ebenso unsinkbar gegolten wie einst der Ozeanriese Titanic. Der Österreicher Ernst Happel aber, dessen Hollandteam im zweiten A-Gruppenspiel Italien 2 : 1 geschlagen hatte, steuerte einen Gag bei: »Jetzt müssen die Italiener den Österreichern zum Dank Südtirol zurückgeben.« Durch Österreichs Sieg war Italien doch noch im klei-

nen Finale. (Und verlor gegen Brasilien 1 : 2, so daß die Brasilianer als einzige Mannschaft bei der WM ohne Niederlage blieben.)
Happels Holländer unterlagen im Nachspiel eines Finales, das nicht immer den Beifall aller Experten fand, 1 : 3 (0 : 1, 1 : 1). Es war ein beinhartes Endspiel, das im Zeichen des Superspielers und Schützenkönigs dieses WM-Turniers stand, das Mario Kempes mit zwei Treffern auch für Argentinien rettete. Es war ein Spiel, in dem Herz und Leidenschaft triumphierten, in dem für Rechenschieber, die so oft bei dieser Weltmeisterschaft benützt worden waren, kein Platz war. Es brachte einen verdienten Sieg Argentiniens, doch hätte Rensenbrink kurz vor Ende der 90. Minute Glück gehabt, wäre der Ball nicht vom Pfosten zurückgeprallt, der Weltmeister hätte Holland geheißen. Und das stellt Happel und seiner Mannschaft das beste Zeugnis aus.
Bei vielen Spielen der Argentinien-WM hatte die Aufmerksamkeit der Teamchefs der verstärkten Abwehr gehört. Auch die Österreicher hatten aus einer gesicherten Verteidigung heraus ihre Konter lanciert.
Dennoch wurden bei der WM 1978 mehr Tore als 1974 geschossen (102 in Argentinien, 97 in Deutschland), und sollte gerade Österreich, erstmals nach zwanzig Jahren wieder dabei, stürmen um jeden Preis?
Der Preis, den unsere Mannschaft eroberte, war Platz sieben. Wohl Vierter wie Peru in der anderen Gruppe, doch während die Peruaner 0 : 10 Verlusttore kassierten und keinen Punkt errangen, gewann Österreich ein Match in der zweiten Finalrunde, hatte ein Torverhältnis von 4 : 8.
Für Österreichs Fußball war dieser siebente WM-Platz nicht nur ein Traumerfolg, sondern auch lebenswichtig. Denn im Sog der Argentinien-WM ging der Aufwärtstrend weiter. Schon nach der Heimkehr war das Ziel klar: Es muß alles unternommen werden, um 1982 in Spanien wieder dabeizusein. Der erfolgreiche Bundestrainer Helmut Senekowitsch aber war nicht zu halten, er hatte schon vor dem ersten WM-Spiel erklärt, er werde nachher seine Funktion zurücklegen. Und tat es. Karl Stotz wurde zum Nachfolger von Senekowitsch.
Unter 139 Ländern, die ihre Nennung zur WM 1978 abgegeben hatten, landete Österreich an siebenter Stelle. Allen, die dabei waren, wird »Mundial 78« unvergessen bleiben. Denn es war trotz allem wunderschön. Und erfolgreich. Und auch in der österreichischen WM-Bilanz kann sich das Abschneiden des 78er-Teams sehen lassen: 1934 Vierter, 1954 Dritter, 1958 Gruppenletzter mit einem Punkt, 1978 Siebenter.

Das River-Plate-Stadion von Buenos Aires. Hier wurde die WM 78 am 1. Juni mit Deutschland–Polen (0:0) eröffnet, hier endete sie am 25. Juni mit dem Finale Argentinien–Holland (3:1). Fassungsraum: 77260.

1

2

3

7

8

9

13

14

15

19

20

1 Friedl Koncilia
2 Robert Sara
3 Erich Obermayer
4 Gerhard Breitenberger
5 Bruno Pezzey
6 Roland Hattenberger
7 Josef Hickersberger
8 Herbert Prohaska
9 Hans Krankl
10 Willy Kreuz
11 Kurt Jara

4

5

6

10

11

12

16

17

18

21

22

12 Eduard Krieger
13 Günther Happich
14 Heinrich Strasser
15 Heribert Weber
16 Peter Persidis
17 Franz Oberacher
18 Walter Schachner
19 Hans Pirkner
20 Ernst Baumeister
21 Erwin Fuchsbichler
22 Hubert Baumgartner

Schachner schoß das 1:0; in der 76. Minute gelingt Hans Krankl das 2:1 für Österreich im ersten Spiel unserer Mannschaft gegen Spanien. Miguel Angel ist geschlagen. Im Bild rechts jubeln die Österreicher über das Siegestor.

Das 1:0 Schachners glichen die Spanier durch Dani (21. Minute) aus. Koncilia muß den Ball aus dem Netz holen, doch die Österreicher stürmen weiter, das Publikum im Velez-Sarsfield-Stadion schwenkt ins rotweißrote Lager über.

Walter Schachner

Hans Krankl

Höchste Alarmstufe im schwedischen Strafraum: Krankl spurtet zwischen Erlandsson und Nordqvist (rechts) durch. – Bild links: Krankl ist fast vorbei ...

... da kann Nordqvist den österreichischen Goalgetter im letzten Augenblick stoppen. Regelwidrig. Es ist die 42. Spielminute im Velez-Sarsfield-Stadion.

Der holländische Referee Charles Corver zeigt auf den Elfmeterpunkt. Der gefoulte Krankl trat selbst zur Exekution an – Tor.

Breitenberger (links) im Kampf mit einem Schweden. Der Außenverteidiger, die Entdeckung der Qualifikation, bewährte sich auch gegen Schweden.

Das Duell der beiden Kapitäne gewinnt der Österreicher Sara (links). Welch großer Kämpfer Bo Larsson ist, läßt dieses Bild erkennen.

Friedl Koncilia war gegen die Skandinavier unbezwingbar. Hier gewinnt er einen Luftkampf gegen den Schweden Benny Wendt.

Vier Punkte nach zwei Spielen – das ist eine Sensation. Dem 2:1 gegen Spanien folgte das 1:0 gegen Schweden, Österreich ist in der zweiten Finalrunde! Unser Team verläßt das Velez-Sarsfield-Stadion. Koncilia, Prohaska, Sara, Obermayer, Kreuz, Krankl und Pezzey.

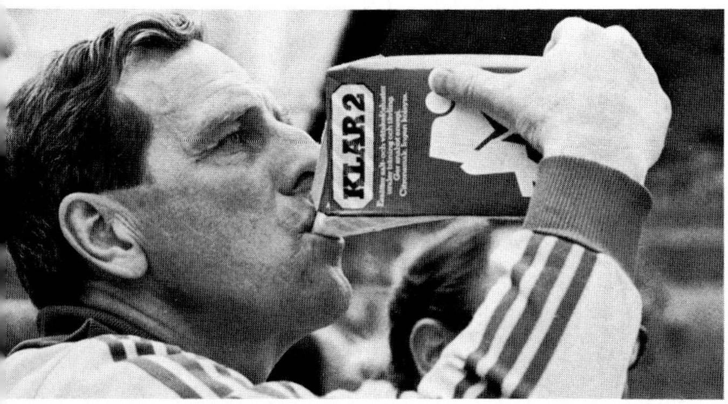

Das sind die Feldherrn der Österreich-Gegner: Oben der temperamentvolle Ladislav Kubala, der Spanien vorsteht. Darunter »Aby« Ericson, der Schwede, der schon 1974 bei der WM war und nicht so leicht die Fassung verliert. Und zuletzt der Brasilianer Claudio Coutinho.

C.B.D.

16

Jorge Pinto Mendonca gegen unseren Friedl Koncilia. Der grimmige Mendonca blieb in Mar del Plata erfolglos ...

... die Partie aber gewann Brasilien mit 1:0 – was zum Aufstieg reichte. Willy Kreuz (links) schießt auf das Tor von Leao (rechts).

Abflug nach Argentinien: Die Damen der österreichischen Teamspieler in Schwechat. Im Bild von links: Ingrid Krankl, Elisabeth Prohaska, Viktoria Fuchsbichler, Eva Koncilia, Andrea Happich und Renate Hickersberger.

Große Aufregung und auch große Freude um die österreichischen Spielerfrauen in Argentinien. Unser Bild zeigt Margit Pirkner mit Töchterchen Claudia bei der Ankunft auf dem Flughafen von Buenos Aires.

Helmut Senekowitsch, als Bundestrainer hauptverantwortlich und hauptbeteiligt am Zustandekommen des Fußballwunders Österreich.

Hans Pirkner mit dem stets gutgelaunten Kaplan Friedrich Pechtl, der zur Seele des Teams wurde, sich in Argentinien in vieler Hinsicht nützlich machte.

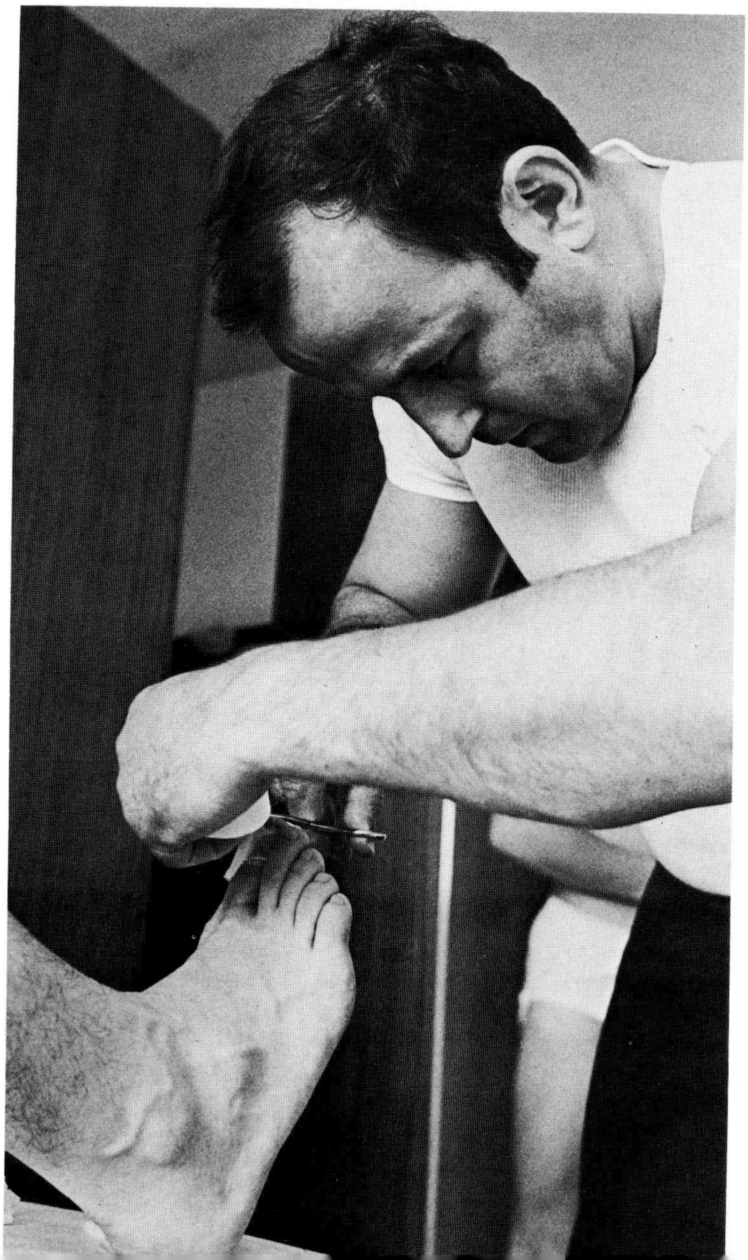

Das Team von Helmut Senekowitsch: Teamarzt Dr. Hans Behawetz, Masseur Pepi Flenner, der gerade die große Zehe eines Stars behandelt.

Der Mann im Schatten des Teamchefs: Trainer Georg Schmidt, ein unermüdlicher Arbeiter, hält sich bewußt im Hintergrund.

Um das Wohl der österreichischen Expedition in Argentinien pausenlos bemüht: Georg Pesek, der Koch, dessen Gerichte selbst nach Mißerfolgen mundeten.

Zwei Konkurrenten im Kampf um die Nummer 1: Erwin Fuchsbichler (links) und Friedl Koncilia. Bei der WM aber war Friedl Koncilia der Platz im Tor nicht zu nehmen. Das mußte selbst der ehrgeizige Fuchsbichler einsehen.

Die beiden Gauchos setzten Feldherrn Helmut Senekowitsch aufs hohe Roß. Er stieg aber bald herunter, denn bei dem Asado lockten gar leckere Bissen.

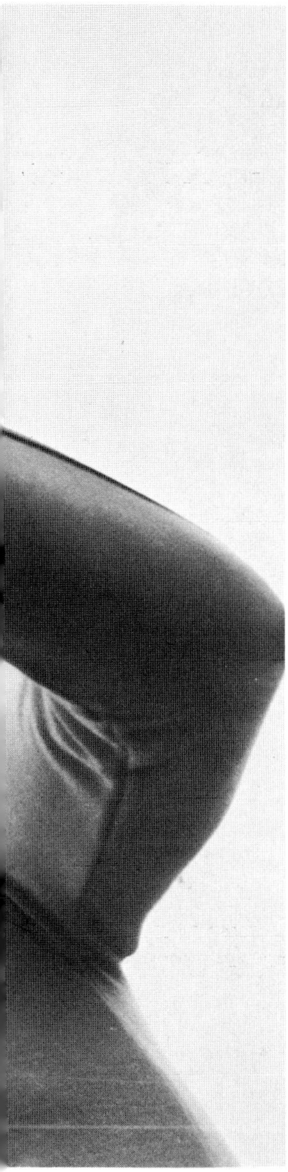

Krieger, Prohaska, Obermayer sprechen zwar nicht Spanisch, die Kritiken scheinen sie aber doch zu verstehen. Kunststück, bei »Austria triunfó«.

Erstes Spiel der Finalrunde 2, Österreich gegen Holland, Hickersberger gegen Krol. Das Duell endet 5:1 für die Niederländer.

Willy van de Kerkhof jubelt, Koncilia und Sara sind zum fünftenmal geschlagen. Deprimiert verließen die Österreicher Spielfeld und Cordoba.

In der 79. Minute überhebt Libero Obermayer Holland-Keeper Schrijvers und erzielt den Ehrentreffer (Stand 4:1). Kreuz beobachtet das Tor.

Die Österreicher machten es den Italienern sehr schwer, das 1:5-Debakel war verkraftet, die Abwehr schier unbezwingbar. Koncilia fängt hier, abgeschirmt von Krieger, vor Rossi den Ball.

Die Mienen von Prohaska und Strasser sagen alles: Trotz einer sehr guten Leistung reichte es gegen Italien nicht zum verdienten Unentschieden. Statt eines Punktes gab es nur azurblaue Trikots.

Die Entscheidung fiel bereits in der verflixten 13. Minute: Der Ball sprang Strasser ans Schienbein, Fußballwunderkind Paolo Rossi funkte blitzschnell dazwischen und drückte ein. Rossi strahlt über sein Goldtor.

21.Juni 78: In Cordoba nimmt Österreich Abschied von der WM. Von links: Krieger, Strasser, Schachner, Obermayer, Hickersberger, Kreuz, Prohaska, Krankl, Pezzey, Koncilia, Sara. Es sollte ein denkwürdiges Adios werden.

Im Luftkampf blieben die Österreicher Bruno Pezzey (Mitte) und Robert Sara Sieger über den Deutschen Rolf Rüßmann (Nummer 4). Österreich feierte in Cordoba einen sensationellen 3:2-Sieg über Deutschland. Der erste Sieg nach 47 Jahren.

Deutschland geht durch Rummenigge 1:0 in Führung. Obermayer und Pezzey sehen bestürzt zu, wie Koncilia den Ball passieren lassen muß.

Mit diesem Traumtor wird Krankl ein paar Millionen teurer: Er nahm einen Flankenball Kriegers aus der Luft und schoß aus der Drehung mit dem linken Fuß unhaltbar zum 2:1 ein. Links: Pezzey jubelt mit Krankl.

»Zweimal hab i gschwänzelt, dann war ich an dem Weltklasselibero vorbei. Stocksteif is er gewesen, der Herr Kaltz«, schilderte Hans Krankl sein zweites Tor, das 3:2 in der 88. Minute. Deutschland war geschlagen.

Bonhof und Rüßmann verlassen weinend den Platz. Bei einem 2:2 hätten sie gegen Brasilien um den dritten Platz gespielt. Doch die Armenhäusler aus der Alpenrepublik vereitelten der Bundesrepublik den Einzug ins kleine Finale.

Unsere WM-Spiele in Argentinien

3. Juni, Buenos Aires (Velez-Sarsfield-Stadion)
Spanien–Österreich 1 : 2 (1 : 1)
Spanien: Miguel Angel (30 Jahre / 10 Länderspiele); Marcelino (22/4), Pirri (33/29), Migueli (26/12), de la Cruz (31/7); San Jose (22/3), Asensi (28/24), Cardenosa (28/4), ab 46. Min. Leal (25/5); Dani (26/5), Ruben Cano (27/6), Rexach (31/16), ab 60. Castro (28/21).
Österreich: F. Koncilia (30/38); R. Sara (31/38), Obermayer (25/11), Pezzey (23/26), Breitenberger (23/12); Prohaska (22/28), Hickersberger (30/34), ab 66. Weber (22/8), Kreuz (29/35), Jara (27/31); Schachner (21/7), ab 80. Pirkner (32/17), Krankl (25/35).
Tore: Dani (21.); Schachner (9.), Krankl (76.)
Schiedsrichter: Karoly Palotai (Ungarn)
Zuschauer: 49 317 (ausverkauft)

7. Juni, Buenos Aires (Velez-Sarsfield-Stadion)
Österreich–Schweden 1 : 0 (1 : 0)
Österreich: F. Koncilia (30 Jahre / 39 Länderspiele); R. Sara (31/39), Obermayer (25/12), Pezzey (23/27), Breitenberger (23/13); Prohaska (22/29), Hickersberger (30/35), Krieger (31/21), ab 72. Weber (22/9), Jara (27/32); Kreuz (29/37), Krankl (25/36).
Schweden: Hellström (29/67); Borg (24/15), Nordqvist (35/110), Roy Andersson (28/17), Erlandsson (20/4); Bo Larsson (34/68), Tapper (29/35), ab 36. Torstensson (28/37), Lennart Larsson (24/15), Linderoth (28/28), ab 60. Edström (25/33); Sjöberg (25/30), Wendt (27/15).
Tor: Krankl (42. Foulelfmeter)
Schiedsrichter: Charles Corver (Holland)
Zuschauer: 46 000

11. Juni, Mar del Plata
Brasilien–Österreich 1 : 0 (1 : 0)
Brasilien: Leao (28/15); Toninho (30/7), Oscar (37/7), Amaral (23/32), Rodriguez Neto (28/12); Batista (23/7), Cerezo (23/24), ab 72. Chicao (29/1), Dirceu (25/22); Gil (27/8), Roberto (24/31), Mendonca (24/2), ab 84. Zico (25/30).
Österreich: F. Koncilia (30/40); R. Sara (32/40), Obermayer (25/13), Pezzey (23/28), Breitenberger (23/14); Prohaska (22/30), Hickersberger (30/36), ab 62. Weber (22/10), Krieger (31/22), ab 84. Happich (26/5), Jara (27/33); Kreuz (29/38), Krankl (25/37).
Tor: Roberto (40.)
Schiedsrichter: Robert Wurtz (Frankreich)
Zuschauer: 40 000

14. Juni, Cordoba

Österreich–Holland 1 : 5 (0 : 3)

Österreich: F. Koncilia (30/41); R. Sara (32/41), Obermayer (25/14), Pezzey (23/29), Breitenberger (23/15); Prohaska (22/31), Hickersberger (30/37), Krieger (31/23), Jara (27/34); Kreuz (29/39), Krankl (25/38).

Holland: Schrijvers (31/17); Poortvliet (22/3), Krol (29/55), Brandts (22/2), ab 67. van Kraay (24/14); Wildschut (20/3), Jansen (31/52), Haan (29/26), Willy van de Kerkhof (26/21), Rene van de Kerkhof (26/23), ab 62. Schönmaker (25/2); Rep (26/26), Rensenbrink (30/37).

Tore: Obermayer (80.); Brandts (6.), Rensenbrink (35. Elfer), Rep (36., 53.), Willy van de Kerkhof (82).

Schiedsrichter: John R. Gordon (Schottland)

Zuschauer: 20 000

18. Juni, Buenos Aires (River-Plate-Stadion)

Italien–Österreich 1 : 0 (1 : 0)

Italien: Zoff (36/68); Gentile (24/21), Scirea (25/14), Bellugi (28/27), ab 46. Cuccureddu (28/6), Cabrini (20/6); Tardelli (23/24), Benetti (32/45), Zaccarelli (27/18); Causio (29/37), Rossi (21/7), Bettega (27/21), ab 71. Graziani (25/23).

Österreich: F. Koncilia (30/42); R. Sara (32/42), Obermayer (25/15), Pezzey (23/30), Strasser 29/17); Prohaska (22/32), Krieger (31/24), Kreuz (29/40), Hickersberger (30/38); Schachner (21/8), ab 63. Pirkner (32/18), Krankl (25/39).

Tor: Rossi (13.)

Schiedsrichter: Francis Rion (Belgien)

Zuschauer: 70 000

21. Juni, Rosario

Österreich–Deutschland 3 : 2 (0 : 1)

Österreich: F. Koncilia (30/43); R. Sara (32/43), Obermayer (25/16), Pezzey (23/31), Strasser (29/18); Prohaska (22/33), Kreuz (29/41), Krieger (31/25), Hickersberger (30/39); Schachner (21/9), ab 70. Oberacher (24/4), Krankl (25/40).

BRD: Maier (34/89); Vogts (31/96), Kaltz (25/21), Rüssmann (27/19), Dietz (30/29); Bonhof (26/40); Beer (31/24), ab 46. H. Müller (19/6), Hölzenbein (31/40); Abramczik (22/15), D. Müller (24/12), ab 61. Fischer (28/17), Rummenigge (22/17).

Tore: Vogts (59. Eigentor), Krankl (66., 88.); Rummenigge (18.), Hölzenbein (68.)

Schiedsrichter: Abraham Klein (Israel)

Zuschauer: 35 000

Österreichischer Cup – Endspiele

Gleich wie in der Meisterschaft wurde auch der Gewinner des »Wiener Cups« als »Österreichischer Pokalsieger« betrachtet, da diese Konkurrenz unter Beteiligung der eindeutig stärksten österreichischen Vereine aus der 1. Klasse von Niederösterreich bzw. später von Wien entschieden wurde. Erst in der Saison 1947/48 wurde der »Österreichische Cup« eingeführt, wobei sich vorerst die Wiener und Bundesländervereine getrennt für das Finale zu qualifizieren hatten (1948 und 1949).

1919 Rapid–Sportklub 3:0
1920 Rapid–Amateure 5:2
1921 Amateure–Sportklub 2:1
1922 WAF–Amateure 2:1
1923 Sportklub–Wacker 3:1
1924 Amateure–Slovan 8:6 n. V.
1925 Amateure–Vienna 3:1
1926 Amateure–Vienna 4:3
1927 Rapid–Austria 3:0
1928 Admira–WAC 2:1
1929 Vienna–Rapid 3:2
1930 Vienna–Austria 1:0
1931 kein Endspiel (Cup-Austragung nach Punktesystem) Cupsieger WAC
1932 Admira–WAC 6:1
1933 Austria–BAC 1:0
1934 Admira–Rapid 8:0
1935 Austria–WAC 5:1
1936 Austria–Vienna 3:0
1937 Vienna–Sportklub 2:0
1938 WAC/Schwarz-Rot–Sportklub 1:0
1939 bis 1945 nicht ausgetragen
1946 Rapid–Vienna 2:1
1947 Wacker–Austria 4:3
1948 Austria–Admira 2:1 (Wiener Cup)
Austria–Sturm Graz 2:0 (Österr. Cup)
1949 Austria–Vienna 3:1 (Wiener Cup)
Austria–Vorw. Steyr 5:2 (Österr. Cup)
1950 bis 1958 nicht ausgetragen. Ab 1959 nur Österreichischer Cup
1959 WAC–Rapid 2:0
1960 Austria–Rapid 4:2
1961 Rapid–Vienna 3:1
1962 Austria–GAK 4:1
1963 Austria–LASK 1:0
1964 Admira–Austria 1:0
1965 Wr. Neustädter SC–LASK 0:1
1966 Admira–Rapid 1:0
1967 LASK–Austria 2:1
Austria–LASK 1:0 n. V.
(Los für Austria)
1968 Rapid–GAK 2:0
1969 Rapid–Sportklub 2:1
1970 Wacker Innsbruck–LASK 1:0
1971 Austria–Rapid 2:1 n. V.
1972 Rapid–Sportklub 1:2, 3:1
1973 Innsbruck–Rapid 1:0, 1:2 (Auswärtstor)
1974 Austria-WAC–Austria Sbg. 2:1, 1:1
1975 Innsbruck–Sturm Graz 3:0, 0:2
1976 Innsbruck–Rapid 2:1, 0:1 (Auswärtstor)
1977 Sportklub–Austria 0:1, 0:3
1978 VÖEST–Innsbruck 1:1, 1:2

Die Mitropacupsieger

1927 Sparta Prag
1928 Ferencvaros Budapest
1929 Ujpest Budapest
1930 Rapid Wien
1931 Vienna
1932 Bologna
1933 Austria Wien
1934 Bologna
1935 Sparta Prag
1936 Austria Wien
1937 Ferencvaros Budapest
1938 Slavia Prag
1939 Ujpest Budapest
1940–1954 wurde der Bewerb nicht ausgetragen
1955 Vörös Lobogo Budapest
1956 Vasas Budapest
1957 Vasas Budapest
1958 Nicht ausgetragen
1959 Honved Budapest
1960 Ungarn (Nationenbewerb)
1961 Bologna
1962 Vasas Budapest
1963 MTK Budapest
1964 Sparta Prag
1965 Vasas Budapest
1966 Fiorentina
1967 Spartak Trnava
1968 Roter Stern Belgrad
1969 Inter Bratislava
1970 Vasas Budapest
1971 Celik Zeniza
1972 Celik Zeniza
1973 Tatabanya
1974 Tatabanya
1975 Swarovski Wacker Innsbruck
1976 Swarovski Wacker Innsbruck
1977 Vojvodina Novi Sad

Europacup der Meister

1955/56
Rapid Wien–PSV Eindhoven 6:1, 0:1
Rapid Wien–AC Milan 1:1, 2:7
1956/57
Rapid Wien–Real Madrid 2:4, 3:1, 0:2
1957/58
Rapid Wien–AC Milan 1:4, 5:2, 2:4
1958/59
Wr. Sportklub–Juventus Torino 1:3, 7:0
Wr. Sportklub–Dukla Praha 3:1, 0:1
Wr. Sportklub–Real Madrid 0:0, 1:7
1959/60
Wr. Sportklub–Petrolul Ploesti 0:0, 2:1
Wr. Sportklub–BK 1909 Odense 3:0, 2:2
Wr. Sportklub–Eintracht Frankfurt 1:2, 1:1
1960/61
Rapid Wien–Besiktas Istanbul 4:0, 0:1
Rapid Wien–SC Wismut 3:1, 0:2, 1:0
Rapid Wien–IFK Malmö 2:0, 2:0
Rapid Wien–SL Benfica 0:3, 1:1 (abgebr.)
1961/62
Austria Wien–CCA Bukarest 0:0, 2:0
Austria Wien–SC Benfica 1:1, 1:5
1962/63
Austria Wien–IFK Helsinki 5:3, 2:0
Austria Wien–Stade de Reims 3:2, 0:5
1963/64
Austria Wien–Gornik Zabrze 0:1, 1:0, 1:2
1964/65
Rapid Wien–Shamrock Rovers 3:0, 2:0
Rapid Wien–Glasgow Rangers 0:1, 0:2
1965/66
LASK–Gornik Zabrze 1:3, 1:2
1966/67
Admira Wien–Vojvodina Novi Sad 0:1, 0:0
1967/68
Rapid Wien–Besiktas Istanbul 1:0, 3:0
Rapid Wien–Eintr. Braunschweig 1:0, 0:2
1968/69
Rapid Wien–Rosenborg BK 3:1, 3:3
Rapid Wien–Real Madrid 1:0, 1:2
Rapid Wien–Manchester United 0:3, 0:0
1969/70
Austria Wien–Dinamo Kiew 1:2, 1:3
1970/71
Austria Wien–Levski Spartak Sofia 1:3, 3:0
Austria Wien–Atletico Madrid 0:2, 1:2
1971/72
SW Innsbruck–SL Benfica 0:4, 1:3
1972/73
SW Innsbruck–Dinamo Kiew 0:1, 0:2
1973/74
SW Innsbruck–CSKA Sofia 0:3, 0:1
1974/75
VÖEST–CF Barcelona 0:0, 0:5
1975/76
SW Innsbruck–Mönchengladbach 1:1, 1:6
1976/77
Austria Wien–Mönchengladbach 1:0, 0:3
1977/78
SW Innsbruck–FC Basel 3:1, 0:1
SW Innsbruck–Celtic Glasgow FC 1:2, 3:0
SW Innsbruck–Mönchengladbach 3:1, 0:2

Europacup der Cupsieger

1960/61
Austria Wien–Wolverhampton 2:0, 0:5
1961/62
Rapid Wien–Spartak Varna 0:0, 5:2
Rapid Wien–AC Fiorentina 1:3, 2:6
1962/63
GAK–BK 1909 Odense 1:1, 3:5
1963/64
LASK–NK Dinamo Zagreb 1:0, 0:1, 1:1 (Lossieger Zagreb)
1964/65
Admira Wien–WKS Legia 1:3, 0:1
1965/66
1. Wr. Neustädter SK–FC Stiinta 0:1, 0:2
1966/67
Rapid Wien–Galatasaray SK 4:0, 5:3
Rapid Wien–Spartak Moskau 1:1, 1:0
Rapid Wien–FC Bayern München 1:0, 0:2 n. V.

1967/68
Austria Wien–Steaua Bukarest 0:2, 1:2
1968/69
GAK–ADO Den Haag 1:4, 0:2
1969/70
Rapid Wien–PSV Eindhoven 1:2, 2:4
1970/71
SW Innsbruck–Partizan Tirana 3:2, 2:1
SW Innsbruck–Real Madrid 1:0, 0:2
1971/72
Austria Wien–BK 1909 Odense 2:4, 2:0
Austria Wien–FC Dinamo Tirana 1:1, 1:0
Austria Wien–AC Torino 0:1, 0:0
1972/73
Rapid Wien–PAOK Saloniki 0:0, 2:2
Rapid Wien–FC Rapid Bukarest 1:1, 1:3
1973/74
Rapid Wien–Randers Freja 0:0, 2:1
Rapid Wien–AC Milan 0:0, 0:2

1974/75
Austria Wien–SV Waregem 1:2, 4:1
Austria Wien–Real Madrid 0:3, 2:2
1975/76
Sturm Graz–FC Slavia Sofia 3:1, 0:1
Sturm Graz–Haladas Vasutas 2:0, 1:1
Sturm Graz–Eintracht Frankfurt 0:2, 0:1
1976/77
Rapid Wien–Atletico Madrid 1:2, 1:1
1977/78
Austria Wien–Cardiff City 0:0, 1:0
Austria Wien–LOK Kaschau 0:0, 1:1
Austria Wien–Hajduk Split 1:1, 1:1, Elfm. 3:0
Austria Wien–Dinamo Moskau 1:2, 2:1, Elfm. 5:4
Austria Wien–Anderlecht 0:4 (Finale)
1978/79
Innsbruck–Sosnowiec 3:2, 1:1
Innsbruck–Ipswich 0:1, 1:1 n. V.

Messestädtecup (ab 1971/72 UEFA-Cup)

Gegründet am 18. 4. 1955 in Basel als Wettbewerb zwischen Städte-Auswahlmannschaften. Allerdings wurden die Städte von Haus aus teils von Selektionen, teils von reinen Klubmannschaften repräsentiert. Seit der Saison 1964/65 sind nur noch Klubs vertreten.

1962/63
Rapid–Roter Stern Belgrad 1:1, 0:1
1963/64
Rapid–Racing Paris 1:0, 3:2
Rapid–CF Valencia 0:0, 2:3
1964/65
Sportklub–SC Leipzig 2:1, 1:0
Sportklub–Ferencvaros 1:0, 1:2, 0:2
GAK–NK Zagreb 2:3, 0:6

1965/66
Sportklub–PAOK Saloniki 1:2, 6:0
Sportklub–Chelsea London 1:0, 0:2
1966/67
Sportklub–SSC Napoli 1:2, 1:3
1967/68
Sportklub–Atletico Madrid 2:5, 1:2
1968/69
Sportklub–Slavia Prag 1:0, 0:5
Wacker Innsbruck–Frankfurt 2:2, 0:3

1969/70
Sportklub–Ruch Chorzow 4:2, 1:4
LASK–Sporting Lissabon 0:4, 2:2
1970/71
Sturm Graz–Tampere 2:4, 3:0
Sturm Graz–Arsenal London 1:0, 0:2 n. V.
Sportklub–Beveren Waas 0:2, 0:3

UEFA-Cup

1971/72
Austria Salzburg–UT Arad 1:4, 3:1
Rapid Wien–Dinamo Zagreb 2:2, 0:0
Rapid Wien–FC Juventus 1:4, 0:1
1972/73
Austria Wien–Beroe St. Zagora 0:7, 1:3
VÖEST–Dynamo Dresden 0:2, 2:2
1973/74
Admira Wacker–FC Internationale 1:0, 1:2 n. V.
Admira Wacker–Fortuna Düsseldorf 2:1, 0:3
GAK–Passachaiki Patras 1:2, 0:1
1974/75
Rapid Wien–Aris Saloniki 3:1, 0:1
Rapid Wien–Velez Mostar 1:1, 0:1
Sturm Graz–Royal Antwerpen 2:1, 0:1
SW Innsbruck–Mönchengladbach 2:1, 0:3
1975/76
Rapid Wien–Galatasaray 1:0, 1:3
VÖEST–Vasas Budapest 2:0, 0:4

1976/77
SW Innsbruck–Kristiansand 2:1, 5:0
SW Innsbruck–Videoton 1:1, 0:1
Austria Salzburg–Adanaspor 5:0, 0:2
Austria Salzburg–R. Stern Belgrad 2:1, 0:1
1977/78
LASK–Ujpest Dozsa 3:2, 0:7
Rapid Wien–Inter Bratislava 1:0, 0:3
1978/79
Rapid–Hajduk Split 0:2, 2:1
Sturm Graz–Mönchengladbach 1:5, 1:2

Österreichs Länderspiele

1901
Österreich–Schweiz 4:0 (8. April in Wien)
1902
Wien–Budapest 5:0 (12. Oktober in Wien)
1903
Wien–Budapest 2:3 (10. Juni in Budapest)
Wien–Budapest 4:2 (11. Oktober in Wien)
1904
Wien–Budapest 0:3 (2. Juni in Budapest)
Wien–Budapest 5:4 (9. Oktober in Wien)
1905
Wien–Budapest 0:0 (9. April in Budapest)
1906
Wien–Budapest 1:3 (4. November in Budapest)
1907
Wien–Budapest 3:1 (5. Mai in Wien)
Wien–Budapest 1:4 (3. Nov. in Budapest)
1908
Wien–Budapest 4:0 (3. Mai in Wien)
Österreich–England 1:6 (3. Juni in Wien)
Österreich–Deutschland 3:2 (5. Juni in Wien)
Österreich–England 1:11 (8. Juni in Wien)
Österreich–Ungarn 3:5 (1. November in Budapest)
1909
Österreich–Ungarn 3:4 (2. Mai in Wien)
Österreich–Ungarn 1:1 (30. Mai in Budapest)
Österreich–England 1:8 (1. Juni in Wien)
Österreich–Ungarn 2:2 (9. November in Budapest)
1910
Österreich–Ungarn 2:1 (1. Mai in Wien)
Österreich–Ungarn 0:3 (6. November in Budapest)
1911
Österreich–Ungarn 3:1 (7. Mai in Wien)
Österreich–Deutschland 2:1 (10. September in Dresden)
Österreich–Ungarn 0:2 (5. November in Budapest)
1912
Österreich–Ungarn 1:1 (5. Mai in Wien)
Österreich–Deutschland 5:1 (Olympische Spiele, 29. Juni in Stockholm)
Österreich–Holland 1:3 (Olympische Spiele, 30. Juni in Stockholm)
Österreich–Norwegen 1:0 (Olympische Spiele, 1. Juli in Stockholm)
Österreich–Italien 5:1 (Olympische Spiele, 3. Juli in Stockholm)
Österreich–Ungarn 0:3 (Olympische Spiele, 5. Juli in Stockholm)
Österreich–Ungarn 0:4 (3. November in Budapest)
Österreich–Italien 3:1 (22. Dezember in Genua)
1913
Österreich–Ungarn 1:4 (27. April in Wien)
Österreich–Italien 2:0 (15. Juni in Wien)
Österreich–Ungarn 3:4 (26. Oktober in Wien)
1914
Österreich–Italien 0:0 (11. Jänner in Mailand)
Österreich–Ungarn 2:0 (3. Mai in Wien)
Österreich–Ungarn 2:2 (4. Oktober in Budapest)
Österreich–Ungarn 1:2 (8. November in Wien)
1915
Österreich–Ungarn 5:2 (2. Mai in Budapest)
Österreich–Ungarn 1:2 (30. Mai in Wien)
Österreich–Ungarn 4:2 (3. Oktober in Wien)
Österreich–Ungarn 2:6 (7. November in Budapest)
1916
Österreich–Ungarn 3:1 (7. Mai in Wien)
Österreich–Ungarn 1:2 (4. Juni in Budapest)
Österreich–Ungarn 3:2 (1. Oktober in Budapest)
Österreich–Ungarn 3:3 (5. November in Wien)
1917
Österreich–Ungarn 1:1 (6. Mai in Wien)
Österreich–Ungarn 2:6 (3. Juni in Budapest)
Österreich–Ungarn 1:4 (15. Juli in Wien)
Österreich–Ungarn 1:2 (7. Oktober in Budapest)
Österreich–Ungarn 1:2 (4. November in Budapest)
Österreich–Schweiz 1:0 (23. Dezember in Basel)
Österreich–Schweiz 2:3 (26. Dezember in Zürich)
1918
Österreich–Ungarn 0:2 (14. April in Budapest)
Österreich–Schweiz 5:1 (9. Mai in Wien)
Österreich–Ungarn 0:2 (2. Juni in Wien)
Österreich–Ungarn 0:3 (6. Oktober in Wien)
1919
Österreich–Ungarn 1:2 (6. April in Budapest)
Österreich–Ungarn 2:0 (5. Oktober in Wien)
Österreich–Ungarn 2:3 (9. November in Budapest)
1920
Österreich–Ungarn 2:2 (2. Mai in Wien)
Österreich–Deutschland 3:2 (26. September in Wien)
Österreich–Ungarn 2:1 (7. November in Budapest)
1921
Österreich–Schweden 2:2 (25. März in Wien)
Österreich–Ungarn 4:1 (24. April in Wien)
Österreich–Schweiz 2:2 (1. Mai in St. Gallen)
Österreich–Deutschland 3:3 (5. Mai in Dresden)
Österreich–Schweden 3:1 (24. Juli in Stockholm)
Österreich–Finnland 3:2 (31. Juli in Helsinki)
1922
Österreich–Italien 3:3 (15. Jänner in Mailand)
Österreich–Deutschland 0:2 (23. April in Wien)
Österreich–Ungarn 1:1 (30. April in Budapest)
Österreich–Schweiz 7:1 (11. Juni in Wien)
Österreich–Ungarn 2:2 (24. September in Wien)
Österreich–Ungarn 2:1 (26. November in Budapest)
Österreich–Schweiz 0:2 (21. Dezember in Genf)
1923
Österreich–Italien 0:0 (15. April in Wien)
Österreich–Ungarn 1:0 (6. Mai in Wien)
Österreich–Schweden 2:4 (10. Juni in Göteborg)
Österreich–Finnland 2:1 (15. August in Wien)
Österreich–Ungarn 0:2 (23. September in Budapest)
1924
Österreich–Deutschland 3:4 (13. Jänner in Nürnberg)
Österreich–Italien 4:0 (20. Jänner in Genua)
Österreich–Jugoslawien 4:1 (10. Februar in Agram)
Österreich–Ungarn 2:2 (4. Mai in Budapest)
Österreich–Rumänien 4:1 (20. Mai in Wien)
Österreich–Bulgarien 6:0 (21. Mai in Wien)
Österreich–Ägypten 3:1 (22. Juni in Wien)
Österreich–Ungarn 2:1 (14. September in Wien)
Österreich–Schweden 1:1 (9. November in Wien)
Österreich–Spanien 1:2 (21. Dezember in Barcelona)
1925
Österreich–Schweiz 2:0 (22. März in Wien)
Österreich–Frankreich 4:0 (19. April in Paris)
Österreich–Ungarn 3:1 (5. Mai in Wien)
Österreich–Tschechoslowakei 1:3 (24. Mai in Prag)
Österreich–Schweden 4:2 (5. Juli in Stockholm)
Österreich–Finnland 2:1 (10. Juli in Helsinki)
Österreich–Ungarn 1:1 (20. September in Budapest)
Österreich–Spanien 0:1 (27. September in Wien)
Österreich–Schweiz 0:2 (8. November in Bern)
Österreich–Belgien 4:3 (13. Dezember in Lüttich)
1926
Österreich–Tschechoslowakei 2:0 (13. März in Wien)
Österreich–Ungarn 3:0 (2. Mai in Budapest)
Österreich–Frankreich 4:1 (30. Mai in Wien)
Österreich–Ungarn 2:3 (19. September in Wien)
Österreich–Tschechoslowakei 2:1 (28. September in Prag)
Österreich–Schweiz 7:1 (10. Oktober in Wien)
Österreich–Schweden 3:1 (7. November in Wien)
1927
Österreich–Tschechoslowakei 1:2 (20. März in Wien)
Österreich–Ungarn 6:0 (10. April in Wien)
Österreich–Belgien 4:1 (22. Mai in Wien)
Österreich–Schweiz 4:1 (29. Mai in Zürich)
Österreich–Tschechoslowakei 0:2 (18. September in Prag)
Österreich–Ungarn 3:5 (25. September in Budapest)
Österreich–Italien 1:0 (6. November in Bologna)
1928
Österreich–Belgien 2:1 (8. Jänner in Brüssel)
Österreich–Tschechoslowakei 0:1 (1. April in Wien)
Österreich–Ungarn 5:5 (6. Mai in Budapest)
Österreich–Jugoslawien 3:0 (6. Mai in Wien)
Österreich–Schweden 3:2 (29. Juli in Stockholm)
Österreich–Ungarn 5:1 (7. Oktober in Wien)
Österreich–Schweiz 2:0 (28. Oktober in Wien)
Österreich–Italien 2:2 (11. November in Rom)
1929
Österreich–Tschechoslowakei 3:3 (17. März in Prag)
Österreich–Italien 3:0 (7. April in Wien)
Österreich–Ungarn 2:2 (5. Mai in Wien)
Österreich–Tschechoslowakei 2:1 (15. September in Wien)

Österreich–Ungarn 1:2 (6. Oktober in Budapest)
Österreich–Schweiz 3:1 (27. Oktober in Bern)

1930

Österreich–Tschechoslowakei 2:2 (23. März in Prag)
Österreich–England 0:0 (14. Mai in Wien)
Österreich–Ungarn 1:2 (1. Juni in Budapest)
Österreich–Ungarn 2:3 (21. September in Wien)
Österreich–Schweden 4:1 (16. November in Wien)

1931

Österreich–Italien 1:2 (22. Februar in Mailand)
Österreich–Tschechoslowakei 2:1 (12. April in Wien)
Österreich–Ungarn 0:0 (3. Mai in Wien)
Österreich–Schottland 5:0 (16. Mai in Wien)
Österreich–Deutschland 6:0 (24. Mai in Berlin)
Österreich–Schweiz 2:0 (17. Juni in Wien)
Österreich–Deutschland 5:0 (14. September in Wien)
Österreich–Ungarn 2:2 (4. Oktober in Budapest)
Österreich–Schweiz 8:1 (29. November in Basel)

1932

Österreich–Italien 2:1 (20. März in Wien)
Österreich–Ungarn 8:2 (24. April in Wien)
Österreich–Tschechoslowakei 1:1 (22. Mai in Prag)
Österreich–Schweden 4:3 (17. Juli in Stockholm)
Österreich–Ungarn 3:2 (2. Oktober in Budapest)
Österreich–Schweiz 3:1 (23. Oktober in Wien)
Österreich–England 3:4 (7. Dezember in London)
Österreich–Belgien 6:1 (11. Dezember in Brüssel)

1933

Österreich–Frankreich 4:0 (12. Februar in Paris)
Österreich–Tschechoslowakei 1:2 (9. April in Wien)
Österreich–Ungarn 1:1 (30. April in Budapest)
Österreich–Belgien 4:1 (11. Juni in Wien)
Österreich–Tschechoslowakei 3:3 (17. September in Prag)
Österreich–Ungarn 2:2 (1. Oktober in Wien)
Österreich–Schottland 2:2 (29. November in Glasgow)
Österreich–Holland 1:0 (10. Dezember in Amsterdam)

1934

Österreich–Italien 4:2 (11. Februar in Turin)
Österreich–Schweiz 3:2 (25. März in Genf)
Österreich–Ungarn 5:2 (15. April in Wien)
Österreich–Bulgarien 6:1 (WM-Qualifikation, 25. April in Wien)
Österreich–Frankreich 3:2 (WM, 27. Mai in Turin)
Österreich–Ungarn 2:1 (WM, 31. Mai in Bologna)
Österreich–Italien 0:1 (WM, 3. Juni in Mailand)
Österreich–Deutschland 2:3 (WM, 7. Juni in Neapel)
Österreich–Tschechoslowakei 2:2 (23. September in Wien)
Österreich–Ungarn 1:3 (7. Oktober in Budapest)
Österreich–Schweiz 3:0 (11. November in Wien)

1935

Österreich–Italien 0:2 (24. März in Wien)
Österreich–Tschechoslowakei 0:0 (14. April in Prag)
Österreich–Ungarn 3:6 (12. Mai in Budapest)
Österreich–Polen 5:2 (12. Mai in Wien)
Österreich–Ungarn 4:4 (6. Oktober in Wien)
Österreich–Polen 0:1 (6. Oktober in Warschau)

1936

Österreich–Spanien 5:4 (19. Jänner in Madrid)
Österreich–Portugal 3:2 (26. Jänner in Oporto)
Österreich–Tschechoslowakei 1:1 (22. März in Wien)
Österreich–Ungarn 3:5 (5. April in Wien)
Österreich–England 2:1 (6. Mai in Wien)
Österreich–Italien 2:2 (17. Mai in Rom)
Österreich–Ungarn 3:5 (27. September in Budapest)
Österreich–Schweiz 3:1 (8. November in Zürich)

1937

Österreich–Frankreich 2:1 (24. Jänner in Paris)
Österreich–Italien 2:0 (21. März in Wien, abgebrochen)
Österreich–Schottland 1:1 (9. Mai in Wien)
Österreich–Ungarn 2:2 (23. Mai in Budapest)
Österreich–Schweiz 4:3 (19. September in Wien)
Österreich–Lettland 2:1 (WM-Qualifikation, 5. Oktober in Wien)
Österreich–Ungarn 1:2 (10. Oktober in Wien)
Österreich–Tschechoslowakei 1:2 (24. Oktober in Prag)

1945

Österreich–Ungarn 0:2 (19. August in Budapest)
Österreich–Ungarn 2:5 (20. August in Budapest)
Österreich–Frankreich 4:1 (6. Dezember in Wien)

1946

Österreich–Ungarn 3:2 (12. April in Wien)
Österreich–Frankreich 1:3 (5. Mai in Paris)
Österreich–Ungarn 0:2 (6. Oktober in Budapest)
Österreich–Tschechoslowakei 3:4 (27. Oktober in Wien)
Österreich–Schweiz 0:1 (10. November in Bern)
Österreich–Italien 2:3 (1. Dezember in Mailand)

1947

Österreich–Ungarn 2:5 (4. Mai in Budapest)
Österreich–Ungarn 4:3 (14. September in Wien)
Österreich–Tschechoslowakei 2:3 (5. Oktober in Prag)
Österreich–Italien 5:1 (9. November in Wien)

1948

Österreich–Schweiz 3:1 (18. April in Wien)
Österreich–Ungarn 3:2 (2. Mai in Wien)
Österreich–Türkei 1:0 (30. Mai in Istanbul)
Österreich–Schweden 2:3 (11. Juli in Stockholm)
Österreich–Schweden 0:3 (Olympische Spiele, 2. August in London)
Österreich–Ungarn 1:2 (3. Oktober in Budapest)
Österreich–Tschechoslowakei 1:3 (31. Oktober in Preßburg)
Österreich–Schweden 2:1 (14. November in Wien)

1949

Österreich–Türkei 1:0 (20. März in Wien)
Österreich–Schweiz 2:1 (3. April in Lausanne)
Österreich–Ungarn 1:6 (Europacup, 8. Mai in Budapest)
Österreich–Italien 1:3 (Europacup, 22. Mai in Florenz)
Österreich–Tschechoslowakei 3:1 (Europacup, 25. September in Wien)
Österreich–Ungarn 3:4 (16. Oktober in Wien)
Österreich–Jugoslawien 5:2 (13. November in Belgrad)

1950

Österreich–Schweiz 3:3 (19. März in Wien)
Österreich–Italien 1:0 (2. April in Wien)
Österreich–Ungarn 5:3 (14. Mai in Wien)
Österreich–Jugoslawien 7:2 (8. Oktober in Wien)
Österreich–Ungarn 3:4 (29. Oktober in Budapest)
Österreich–Dänemark 5:1 (5. November in Wien)
Österreich–Schottland 1:0 (13. Dezember in Glasgow)

1951

Österreich–Schottland 4:0 (27. Mai in Wien)
Österreich–Dänemark 3:3 (17. Juni in Kopenhagen)
Österreich–Deutschland 0:2 (23. September in Wien)
Österreich–Belgien 8:1 (14. Oktober in Brüssel)
Österreich–Frankreich 2:2 (1. November in Paris)
Österreich–England 2:2 (28. November in London)

1952

Österreich–Belgien 2:0 (23. März in Wien)
Österreich–Irland 6:0 (7. Mai in Wien)
Österreich–England 2:3 (25. Mai in Wien)
Österreich–Schweiz 1:1 (22. Juni in Genf)
Österreich–Jugoslawien 2:4 (21. September in Belgrad)
Österreich–Frankreich 1:2 (19. Oktober in Wien)
Österreich–Portugal 1:1 (WM-Qualifikation, 23. November in Oporto)

1953

Österreich–Deutschland 0:0 (22. März in Köln)
Österreich–Irland 0:4 (25. März in Dublin)
Österreich–Ungarn 1:1 (26. April in Budapest)
Österreich–Portugal 9:1 (WM-Qualifikation 27. September in Wien)
Österreich–Ungarn 2:3 (11. Oktober in Wien)
Österreich–Portugal 0:0 (29. November in Lissabon)

1954

Österreich–Ungarn 0:1 (11. April in Wien)
Österreich–Wales 2:0 (9. Mai in Wien)
Österreich–Norwegen 5:0 (30. Mai in Wien)
Österreich–Schottland 1:0 (WM, 16. Juni in Zürich)
Österreich–Tschechoslowakei 5:0 (WM, 19. Juni in Zürich)
Österreich–Schweiz 7:5 (WM, 26. Juni in Lausanne)
Österreich–Deutschland 1:6 (WM, 30. Juni in Basel)
Österreich–Uruguay 3:1 (WM, 3. Juli in Zürich)

Österreich–Jugoslawien 2:2 (3. Oktober in Wien)
Österreich–Schweden 1:2 (31. Oktober in Stockholm)
Österreich–Ungarn 1:4 (14. November in Budapest)

1955

Österreich–Tschechoslowakei 2:3 (27. März in Brünn)
Österreich–Ungarn 2:2 (24. April in Wien)
Österreich–Schweiz 3:2 (1. Mai in Bern)
Österreich–Schottland 1:4 (19. Mai in Wien)
Österreich–Ungarn 1:6 (16. Oktober in Budapest)
Österreich–Jugoslawien 2:1 (30. Oktober in Wien)
Österreich–Wales 2:1 (23. November in Wrexham)

1956

Österreich–Frankreich 1:3 (24. März in Paris)
Österreich–Brasilien 2:3 (15. April in Wien)
Österreich–Schottland 1:1 (2. Mai in Glasgow)
Österreich–Jugoslawien 1:1 (17. Juni in Agram)
Österreich–Luxemburg 7:0 (WM-Qualifikation, 30. September in Wien)
Österreich–Ungarn 0:2 (14. Oktober in Wien)
Österreich–Italien 1:2 (9. Dezember in Genua)

1957

Österreich–Deutschland 2:3 (10. März in Wien)
Österreich–Schweiz 4:0 (14. April in Wien)
Österreich–Schweden 1:0 (5. Mai in Wien)
Österreich–Holland 3:2 (WM-Qualifikation, 26. Mai in Wien)
Österreich–Jugoslawien 3:3 (15. September in Belgrad)
Österreich–Holland 1:1 (WM-Qualifikation, 25. September in Amsterdam)
Österreich–Luxemburg 3:0 (WM-Qualifikation, 29. September in Luxemburg)
Österreich–Tschechoslowakei 2:2 (Dr. Gerö-Cup, 13. Oktober in Wien)

1958

Österreich–Italien 3:2 (Dr. Gerö-Cup, 23. März in Wien)
Österreich–Irland 3:1 (14. Mai in Wien)
Österreich–Brasilien 0:3 (WM, 8. Juni in Uddevalla)
Österreich–Sowjetunion 0:2 (WM, 11. Juni in Boras)
Österreich–England 2:2 (WM, 15. Juni in Boras)
Österreich–Jugoslawien 3:4 (14. September in Wien)
Österreich–Frankreich 1:2 (5. Oktober in Wien)
Österreich–Deutschland 2:2 (19. November in Berlin)

1959

Österreich–Norwegen 1:0 (Europacup, 20. Mai in Oslo)
Österreich–Belgien 2:0 (24. Mai in Brüssel)
Österreich–Belgien 4:2 (14. Juni in Wien)
Österreich–Norwegen 5:2 (Europacup, 23. September in Wien)
Österreich–Spanien 3:6 (22. November in Valencia)
Österreich–Frankreich 2:5 (13. Dezember in Paris)

1960

Österreich–Frankreich 2:4 (27. März in Wien)
Österreich–Tschechoslowakei 0:4 (1. Mai in Prag)
Österreich–Schottland 4:1 (29. Mai in Wien)
Österreich–Norwegen 2:1 (22. Juni in Oslo)
Österreich–Sowjetunion 3:1 (4. September in Wien)
Österreich–Spanien 3:0 (30. Oktober in Wien)
Österreich–Ungarn 0:2 (20. November in Budapest)
Österreich–Italien 2:1 (10. Dezember in Neapel)

1961

Österreich–England 3:1 (27. Mai in Wien)
Österreich–Ungarn 2:1 (11. Juni in Budapest)
Österreich–Sowjetunion 1:0 (10. September in Moskau)
Österreich–Ungarn 2:1 (8. Oktober in Wien)
Österreich–Jugoslawien 1:2 (19. November in Zagreb)

1962

Österreich–Ägypten 0:1 (5. Jänner in Kario)
Österreich–England 1:3 (4. April in London)
Österreich–Irland 3:2 (8. April in Dublin)
Österreich–Bulgarien 2:0 (6. Mai in Wien)
Österreich–Ungarn 1:2 (24. Juni in Wien)
Österreich–Tschechoslowakei 0:6 (16. September in Wien)
Österreich–Ungarn 0:2 (28. Oktober in Budapest)
Österreich–Italien 1:2 (11. November in Wien)
Österreich–Bulgarien 1:1 (22. November in Sofia)

1963

Österreich–Tschechoslowakei 3:1 (24. April in Wien)
Österreich–Schottland 1:4 (abgebrochen, 8. Mai in Glasgow)
Österreich–Italien 0:1 (9. Juni in Wien)
Österreich–Irland 0:0 (25. September in Wien)
Österreich–Irland 2:3 (13. Oktober in Dublin)
Österreich–Ungarn 1:2 (27. Oktober in Budapest)
Österreich–Italien 0:1 (14. Dezember in Turin)

1964

Österreich–Holland 1:1 (12. April in Amsterdam)
Österreich–Ungarn 1:0 (3. Mai in Wien)
Österreich–Uruguay 0:2 (14. Mai in Wien)
Österreich–Jugoslawien 3:2 (27. September in Wien)
Österreich–Sowjetunion 1:0 (11. Oktober in Wien)

1965

Österreich–Frankreich 2:1 (24. März in Paris)
Österreich–DDR 1:1 (WM-Qualifikation, 25. April in Wien)
Österreich–UdSSR 0:0 (16. Mai in Moskau)
Österreich–Ungarn 0:1 (WM-Qualifikation, 13. Juni in Wien)
Österreich–Ungarn 0:3 (WM-Qualifikation, 5. September in Budapest)
Österreich–Deutschland 1:4 (9. Oktober in Stuttgart)
Österreich–England 3:2 (20. Oktober in London)
Österreich–DDR 0:1 (WM-Qualifikation, 31. Oktober in Leipzig)

1966

Österreich–UdSSR 0:1 (24. April in Wien)
Österreich–Irland 1:0 (22. Mai in Wien)
Österreich–Italien 0:1 (18. Juni in Mailand)
Österreich–Holland 2:1 (18. September in Wien)
Österreich–Finnland 0:0 (EM, 2. Oktober in Helsinki)
Österreich–Schweden 1:4 (5. Oktober in Stockholm)
Österreich–Ungarn 1:3 (30. Oktober in Budapest)

1967

Österreich–England 0:1 (27. Mai in Wien)
Österreich–UdSSR 3:4 (EM, 11. Juni in Moskau)
Österreich–Ungarn 1:3 (6. September in Wien)
Österreich–Finnland 2:1, (EM, 24. September in Wien)
Österreich–Griechenland 1:4 (EM, 4. Oktober in Athen)
Österreich–UdSSR 1:0 (EM, 15. Oktober in Wien)
Österreich–Griechenland 1:1 abgebrochen (EM, 5. November in Wien)

1968

Österreich–Rumänien 1:1 (1. Mai in Linz)
Österreich–Zypern 7:1 (WM-Qualifikation, 19. Mai in Wien)
Österreich–UdSSR 1:3 (16. Juni in Leningrad)
Österreich–Schweiz 0:1 (22. September in Bern)
Österreich–Deutschland 0:2 (WM-Qualifikation, 13. Oktober in Wien)
Österreich–Schottland 1:2 (WM-Qualifikation, 6. November in Glasgow)
Österreich–Irland 2:2 (10. November in Dublin)

1969

Österreich–Zypern 2:1 (WM-Qualifikation, 19. April in Nicosia)
Österreich–Israel 1:1 (23. April in Tel Aviv)
Österreich–Malta 3:1 (27. April in La Valetta)
Österreich–Deutschland 0:1 (WM-Qualifikation, 10. Mai in Nürnberg)
Österreich–Deutschland 1:1 (21. September in Wien)
Österreich–Schottland 2:0 (WM-Qualifikation, 5. November in Wien)

1970

Österreich–Jugoslawien 1:1 (8. April in Sarajevo)
Österreich–Tschechoslowakei 1:3 (12. April in Wien)
Österreich–Brasilien 0:1 (30. April in Rio de Janeiro)
Österreich–Jugoslawien 0:1 (10. September in Graz)
Österreich–Ungarn 1:1 (27. September in Budapest)
Österreich–Frankreich 1:0 (7. Oktober in Wien)
Österreich–Italien 1:2 (EM, 31. Oktober in Wien)

1971

Österreich–Ungarn 0:2 (4. April in Wien)
Österreich–Schweden 0:1 (EM, 26. Mai in Stockholm)
Österreich–Irland 4:1 (EM, 30. Mai in Dublin)
Österreich–Brasilien 1:1 (11. Juli in Sao Paulo)
Österreich–Schweden 1:0 (EM, 4. September in Wien)
Österreich–Irland 6:0 (EM, 10. Oktober in Linz)
Österreich–Italien 2:2 (EM, 20. November in Rom)

1972

Österreich–Tunesien 3:3 (20. Februar in Tunis)
Österreich–Tschechoslowakei 0:2 (8. April in Brünn)

Österreich–Malta 4:0 (WM-Qualifikation, 30. April in Wien)
Österreich–Schweden 2:0 (WM-Qualifikation, 10. Juni in Wien)
Österreich–Rumänien 1:1 (3. September in Craiova)
Österreich–Ungarn 2:2 (WM-Qualifikation, 15. Oktober in Wien)
Österreich–Malta 2:0 (WM-Qualifikation, 25. November in La Valetta)

1973

Österreich–Holland 1:0 (28. März in Wien)
Österreich–Ungarn 2:2 (WM-Qualifikation, 29. April in Budapest)
Österreich–Schweden 2:3 (WM-Qualifikation, 23. Mai in Göteborg)
Österreich–Brasilien 1:1 (13. Juni in Wien)
Österreich–England 0:7 (26. September in London)
Österreich–Deutschland 0:4 (10. Oktober in Hannover)
Österreich–Schweden 1:2 (WM-Qualifikation, Entscheidungsspiel, 27. November in Gelsenkirchen)

1974

Österreich–Holland 1:1 (27. März in Rotterdam)
Österreich–Brasilien 0:0 (1. Mai in Sao Paulo)
Österreich–Italien 0:0 (8. Juni in Wien)
Österreich–Wales 2:1 (EM, 4. September in Wien)
Österreich–Ungarn 1:0 (28. September in Wien)
Österreich–Türkei 1:0 (13. November in Istanbul)

1975

Österreich–Luxemburg 2:1 (EM, 16. März in Luxemburg)
Österreich–Ungarn 0:0 (EM, 2. April in Wien)
Österreich–Tschechoslowakei 0:0 (7. Juni in Wien)
Österreich–Deutschland 0:2 (3. September in Wien)
Österreich–Ungarn 1:2 (EM, 24. September in Budapest)
Österreich–Luxemburg 6:2 (EM, 15. Oktober in Wien)
Österreich–Wales 0:1 (EM, 19. November in Wrexham)

1976

Österreich–Schweden 1:0 (28. April in Wien)
Österreich–Ungarn 0:2 (12. Juni in Budapest)
Österreich–UdSSR 1:2 (23. Juni in Wien)
Österreich–Schweiz 3:1 (22. September in Linz)
Österreich–Ungarn 2:4 (13. Oktober in Wien)
Österreich–Griechenland 3:0 (10. November in Kavala)
Österreich–Malta 1:0 (WM-Qualifikation, 5. Dezember in La Valetta)
Österreich–Israel 3:1 (15. Dezember in Tel Aviv)

1977

Österreich–Griechenland 2:0 (9. März in Wien)
Österreich–Türkei 1:0 (WM-Qualifikation, 17. April in Wien)
Österreich–Malta 9:0 (WM-Qualifikation, 30. April in Salzburg)
Österreich–Tschechoslowakei 0:0 (1. Juni in Mährisch-Ostrau)
Österreich–Polen 2:1 (24. August in Wien)
Österreich–DDR 1:1 (WM-Qualifikation, 24. September in Wien)
Österreich–DDR 1:1 (WM-Qualifikation, 12. Oktober in Leipzig)
Österreich–Türkei 1:0 (WM-Qualifikation, 30. Oktober in Izmir)

1978

Österreich–Griechenland 1:1 (15. Februar in Athen)
Österreich–Belgien 0:1 (22. März in Charleroi))
Österreich–Schweiz 1:0 (4. April in Basel)
Österreich–Holland 0:1 (20. Mai in Wien)
Österreich–Spanien 2:1 (WM, 3. Juni in Buenos Aires)
Österreich–Schweden 1:0 (WM, 7. Juni in Buenos Aires)
Österreich–Brasilien 0:1 (WM, 11. Juni in Mar del Plata)
Österreich–Holland 1:5 (WM, 14. Juni in Cordoba)
Österreich–Italien 0:1 (WM, 18. Juni in Buenos Aires)
Österreich–Deutschland 3:2 (WM, 21. Juni in Cordoba)
Österreich–Norwegen 2:0 (EM, 30. August in Oslo)
Österreich–Schottland 3:2 (EM, 20. September in Wien)
Österreich–Portugal 1:2 (EM, 15. November in Wien)

Die Meisterschaft

Ehrentafel der Meister

Bis zur Einführung einer gesamtösterreichischen Konkurrenz (»Staatsliga«) in der Saison 1949/50 wurde der jeweilige Meister des »Niederösterreichischen Fußballverbandes«, später »Wiener Fußballverband«, als spielstärkste Klasse als österreichischer Meister betrachtet.

1912 Rapid Wien
1913 Rapid Wien
1914 WAF Wien
1915 WAC Wien
1916 Rapid Wien
1917 Rapid Wien
1918 Floridsdorfer AC
1919 Rapid Wien
1920 Rapid Wien
1921 Rapid Wien
1922 Wiener Sport-Club
1923 Rapid Wien
1924 Amateure Wien (später Austria)
1925 Hakoah Wien
1926 Amateure Wien
1927 Admira Wien
1928 Admira Wien
1929 Rapid Wien
1930 Rapid Wien
1931 Vienna Wien
1932 Admira Wien
1933 Vienna Wien
1934 Admira Wien
1935 Rapid Wien
1936 Admira Wien
1937 Admira Wien

Die Beendigung der Meisterschaft 1937/38 fiel bereits in die Zeit der Zugehörigkeit Österreichs zum Deutschen Reich. Von 1938 bis 1945 wurde die österreichische Meisterschaft unter dem Titel »Ostmark« bzw. »Donau/Alpenland« ausgespielt.

1938 Rapid Wien
1939 Admira Wien
1940 Rapid Wien
1941 Rapid Wien
1942 Vienna Wien
1943 Vienna Wien
1944 Vienna Wien
1945 Konkurrenz nicht beendet
1946 Rapid Wien
1947 Wacker Wien
1948 Rapid Wien
1949 Austria Wien
1950 Austria Wien
1951 Rapid Wien
1952 Rapid Wien
1953 Austria Wien
1954 Rapid Wien
1955 Vienna Wien
1956 Rapid Wien
1957 Rapid Wien
1958 Wiener Sport-Club
1959 Wiener Sport-Club
1960 Rapid Wien
1961 Austria Wien
1962 Austria Wien
1963 Austria Wien
1964 Rapid Wien
1965 LASK
1966 Admira/NÖ. Energie Wien
1967 Rapid Wien
1968 Rapid Wien
1969 Austria Wien
1970 Austria Wien
1971 Wacker Innsbruck
1972 Wacker Innsbruck
1973 Wacker Innsbruck
1974 VÖEST
1975 Wacker Innsbruck
1976 Austria-WAC
1977 Wacker Innsbruck
1978 Austria Wien

Meisterschaftstabellen

WIENER LIGA

1911/12

1. Rapid	20	15	1	4	64:31	31
2. Sportklub	20	13	4	3	53:35	30
3. WAF	20	13	3	4	59:23	29
4. WAC	20	10	5	5	59:41	25
5. Simmering	20	9	3	8	57:63	21
6. Vienna	20	9	2	9	50:36	20
7. Floridsdorf	20	9	1	10	61:58	19
8. Amateure	20	5	5	10	42:51	15
9. Hertha	20	6	2	12	26:50	14
10. Rudolfshügel	20	5	4	11	38:42	14
11. Cricket	20	0	2	18	12:96	2

1912/13

1. Rapid	18	15	3	0	59:17	33
2. WAF	18	12	2	4	39:21	26
3. Sportklub	18	10	1	7	45:24	21
4. Amateure	18	9	1	8	39:32	19
5. WAC	18	8	3	7	41:28	19
6. Simmering	18	7	1	10	29:53	15
7. Rudolfshügel	18	6	3	9	19:44	15
8. Vienna	18	5	3	10	19:37	13
9. Floridsdorf	18	5	3	10	25:49	13
10. Hertha	18	3	0	15	31:42	6

1913/14

1. WAF	18	12	3	3	54:34	27
2. Rapid	18	11	5	2	51:26	27
3. WAC	18	8	7	3	51:27	23
4. Sportklub	18	9	4	5	40:29	22
5. Amateure	18	7	3	8	34:43	17
6. Simmering	18	6	4	8	38:42	16
7. Rudolfshügel	18	5	6	7	25:36	16
8. FAC	18	4	5	9	32:43	13
9. Hertha	18	2	7	9	27:44	11
10. Vienna	18	3	2	13	21:49	8

1914/15 (nur Frühjahrsrunde)

1. WAC	9	8	0	1	46: 9	16
2. WAF	9	7	1	1	30:14	15
3. Rapid	9	4	2	3	23:16	10
4. Amateure	9	4	1	4	15:11	9
5. Hertha	9	4	1	4	15:19	9
6. FAC	9	3	3	3	22:22	9
7. Rudolfshügel	9	4	0	5	21:16	8
8. Sportklub	9	2	2	5	11:17	6
9. Wacker	9	1	3	5	13:22	5
10. Simmering	9	1	1	7	15:43	3

1915/16

1. Rapid	18	15	1	2	87:26	31
2. FAC	18	14	1	3	51:18	29
3. WAF	18	12	2	4	65:24	26
4. WAC	18	12	2	4	64:35	26
5. Rudolfshügel	18	10	2	6	55:39	22
6. Wacker	18	6	6	6	28:35	18
7. Amateure	18	6	2	10	23:46	14
8. Sportklub	18	3	1	14	28:49	7
9. Simmering	18	2	0	16	18:91	4
10. Hertha	18	1	1	16	12:68	3

1916/17

1. Rapid	18	13	3	2	64:28	29
2. FAC	18	12	3	3	55:17	27
3. Rudolfshügel	18	12	3	3	49:30	27
4. WAF	18	11	3	4	61:32	25
5. Wacker	18	7	4	7	37:39	18
6. WAC	18	7	4	7	34:40	18
7. Sportklub	18	6	2	10	36:42	14
8. Amateure	18	3	3	12	34:37	9
9. Simmering	18	3	1	14	25:64	7
10. Hertha	18	1	4	13	20:76	6

1917/18

1. FAC	18	9	6	3	47:16	24
2. Rapid	18	9	6	3	46:23	24
3. WAF	18	10	2	6	52:41	22
4. Rudolfshügel	18	9	4	5	45:31	22
5. WAC	18	5	8	5	33:24	18
6. Wacker	18	7	3	8	26:35	17
7. Sportklub	18	6	3	9	35:50	15
8. Amateure	18	4	7	7	23:33	15
9. Simmering	18	6	2	10	30:47	14
10. Hertha	18	1	7	10	24:61	9

1918/19

1. Rapid	18	15	1	2	67:15	31
2. Rudolfshügel	18	10	4	4	51:32	24
3. WAC	18	8	7	3	42:26	23
4. WAF	18	8	4	6	32:26	20
5. Sportklub	18	8	3	7	25:38	19
6. Amateure	18	5	6	7	29:38	16
7. FAC	18	7	1	10	45:35	15
8. Hertha	18	5	2	11	32:52	12
9. Simmering	18	4	4	10	31:60	12
10. Wacker	18	2	4	12	20:48	8

1919/20

1. Rapid	22	15	3	4	72:30	33
2. Amateure	22	14	5	3	55:24	33
3. Sportklub	22	13	4	5	37:28	30
4. FAC	22	11	6	5	36:24	28
5. Rudolfshügel	22	11	3	8	42:30	25
6. WAC	22	8	6	8	31:36	22
7. Simmering	22	8	5	9	39:44	21
8. Wacker	22	6	5	11	27:48	17
9. Hertha	22	6	4	12	24:33	16
10. Vienna	22	4	7	11	50:45	15
11. WAF	22	4	5	13	32:41	13
12. Admira	22	3	5	14	25:69	11

1920/21

1. Rapid	24	17	6	1	86:39	40
2. Amateure	24	15	4	5	66:40	34
3. Rudolfshügel	24	9	8	7	44:41	26
4. Hakoah	24	9	6	9	34:28	24
5. Hertha	24	8	8	8	44:41	24
6. WAF	24	8	8	8	35:36	24
7. Sportklub	24	8	6	10	41:42	22
8. FAC	24	7	8	9	44:47	22
9. Simmering	24	8	5	11	38:56	21
10. Vienna	24	7	7	10	33:47	21
11. Wacker	24	6	8	10	27:41	20
12. Admira	24	6	5	13	40:56	17
13. WAC	24	6	5	13	37:65	17

1921/22

1. Sportklub	24	15	4	5	45:24	34
2. Hakoah	24	12	8	4	48:32	32
3. Rapid	24	14	3	7	72:46	31
4. Amateure	24	13	3	8	59:39	29
5. Wacker	24	11	4	9	38:35	26
6. Hertha	24	9	5	10	34:41	23
7. WAF	24	9	3	12	28:52	21
8. Vienna	24	8	4	12	44:47	20
9. Admira	24	8	4	12	45:62	20
10. FAC	24	7	6	11	48:53	20
11. Rudolfshügel	24	6	8	10	33:37	20
12. Simmering	24	7	5	12	36:52	19
13. Ostmark	24	6	5	13	32:54	17

1922/23

1. Rapid	24	15	6	3	78:41	36
2. Amateure	24	14	4	6	64:35	32
3. Admira	24	12	3	9	60:52	27
4. Vienna	24	10	5	9	46:52	25
5. Sportklub	24	9	7	8	40:34	25
6. Wacker	24	8	9	7	42:40	25
7. Hakoah	24	9	6	9	44:33	24
8. Hertha	24	7	10	7	40:41	24
9. Simmering	24	8	7	9	36:43	23
10. WAF	24	8	5	11	35:54	21
11. FAC	24	6	6	12	40:53	18
12. WAC	24	5	7	12	36:58	17
13. Rudolfshügel	24	6	3	15	30:56	15

1923/24

1. Amateure	22	16	4	2	53:19	36
2. Vienna	22	14	4	4	54:30	32
3. Sportklub	22	11	8	3	40:17	30
4. Rapid	22	11	5	6	55:48	27
5. Simmering	22	9	7	6	46:32	25
6. Hakoah	22	8	6	8	41:34	22
7. Admira	22	7	7	8	36:34	21
8. Wacker	22	6	8	8	33:34	20
9. Slovan	22	7	4	11	36:46	18
10. Hertha	22	4	9	9	22:33	17
11. Ostmark	22	2	5	15	17:64	9
12. WAF	22	1	5	16	26:68	7

1924/25

1. Hakoah	20	10	6	4	43:30	26
2. Amateure	20	10	4	6	36:28	24
3. Vienna	20	9	5	6	41:32	23
4. Rapid	20	9	5	6	49:39	23
5. WAC	20	8	7	5	42:37	23
6. Admira	20	8	6	6	39:30	22
7. Wacker	20	6	8	6	34:36	20
8. Simmering	20	7	4	9	43:44	18
9. Sportklub	20	6	5	9	32:35	17
10. Slovan	20	5	7	8	31:42	17
11. Rudolfshügel	20	2	3	15	21:58	7

1925/26

1. Amateure	24	15	5	4	73:39	35
2. Vienna	24	14	3	7	61:45	31
3. Simmering	24	12	5	7	64:52	29
4. Admira	24	12	3	9	49:42	27
5. Rapid	24	12	3	9	61:57	27
6. Slovan	24	11	4	9	56:47	26
7. Hakoah	24	9	8	7	56:50	26
8. Sportklub	24	11	2	11	45:57	24
9. Wacker	24	8	8	8	51:53	24
10. WAC	24	8	5	11	42:47	21
11. FAC	24	7	5	12	43:53	19
12. Rudolfshügel	24	3	6	15	38:68	12
13. Hertha	24	3	5	16	35:64	11

1926/27

1. Admira	24	17	2	5	81:41	36
2. BAC	24	14	5	5	44:24	33
3. Rapid	24	15	1	8	82:44	31
4. Vienna	24	12	3	9	67:45	27
5. FAC	24	11	5	8	48:54	27
6. Simmering	24	11	4	9	44:52	26
7. Austria	24	10	4	10	45:43	24
8. Wacker	24	8	6	10	44:47	22
9. Hakoah	24	7	8	9	38:43	22
10. WAC	24	8	5	11	54:64	21
11. Sportklub	24	8	4	12	46:52	20
12. Slovan	24	7	5	12	35:52	19
13. Rudolfshügel	24	1	2	21	29:96	4

1927/28

1. Admira	24	18	3	3	60:30	39
2. Rapid	24	18	0	6	82:46	36
3. Vienna	24	14	4	6	69:44	32
4. Wacker	24	13	6	5	53:32	32
5. FAC	24	11	3	10	59:55	25
6. Hertha	24	10	3	11	46:52	23
7. Slovan	24	7	7	10	42:45	21
8. Austria	24	8	4	12	45:52	20
9. Sportklub	24	6	7	11	37:57	19
10. WAC	24	7	4	13	50:50	18
11. BAC	24	5	8	11	36:71	18
12. Hakoah	24	5	6	13	24:54	16
13. Simmering	24	5	3	16	42:66	13

1928/29

1. Rapid	22	15	3	4	57:31	33
2. Admira	22	13	4	5	63:30	30
3. WAC	22	11	8	3	49:28	30
4. Sportklub	22	11	3	8	50:43	25
5. FAC	22	10	5	7	51:42	25
6. Nicholson	22	11	1	10	47:45	23
7. Vienna	22	8	6	8	43:35	22
8. Austria	22	8	4	10	40:42	20
9. Hertha	22	8	3	11	28:53	19
10. Wacker	22	7	4	11	36:41	18
11. Slovan	22	3	4	15	37:71	10
12. BAC	22	4	1	17	26:66	9

1929/30

1. Rapid	20	13	4	3	67:29	30
2. Admira	20	12	5	3	56:34	29
3. Vienna	20	12	4	4	51:31	28
4. WAC	20	10	5	5	39:39	25
5. Austria	20	9	2	9	56:43	20
6. FAC	20	6	6	8	35:45	18
7. Nicholson	20	6	6	8	28:45	18
8. Wacker	20	7	3	10	34:47	17
9. Sportklub	20	6	3	11	33:47	15
10. Hakoah	20	4	2	14	31:61	10
11. Hertha	20	3	4	13	23:52	10

1930/31

1. Vienna	18	12	5	1	53:25	29
2. Admira	18	12	3	3	68:37	27
3. Rapid	18	12	2	4	64:33	26
4. Austria	18	9	1	8	51:40	19
5. Nicholson	18	7	3	8	38:38	17
6. Wacker	18	5	6	7	37:51	16
7. WAC	18	6	3	9	44:47	15
8. Sportklub	18	6	0	12	48:65	12
9. FAC	18	4	4	10	31:59	12
10. Slovan	18	1	5	12	21:60	7

1931/32

1. Admira	22	14	5	3	58:26	33
2. Vienna	22	13	5	4	57:27	31
3. Rapid	22	15	1	6	70:39	31
4. Austria	22	13	3	6	64:39	29
5. WAC	22	9	6	7	44:40	24
6. Wacker	22	7	7	8	32:42	21
7. BAC	22	8	5	9	28:43	21
8. Nicholson	22	6	7	9	36:43	19
9. Sportklub	22	5	6	11	41:56	16
10. Hakoah	22	4	7	11	26:62	15
11. FAC	22	5	3	14	44:56	13
12. Slovan	22	3	5	14	20:47	11

1932/33

1. Vienna	22	16	3	3	52:26	35
2. Rapid	22	15	2	5	64:34	32
3. Admira	22	11	3	8	63:42	25
4. WAC	22	10	3	9	46:46	23
5. FC Wien	22	9	5	8	39:37	23
6. Austria	22	9	3	10	37:45	21
7. Wacker	22	10	0	12	49:58	20
8. Hakoah	22	9	1	12	30:41	19
9. Sportklub	22	7	4	11	36:42	18
10. FAC	22	6	5	11	35:47	17
11. Libertas	22	5	7	10	23:34	17
12. BAC	22	6	2	14	28:55	14

1933/34

1. Admira	22	16	1	5	69:41	33
2. Rapid	22	15	1	6	80:34	31
3. Austria	22	12	3	7	56:36	27
4. Vienna	22	12	3	7	52:34	27
5. WAC	22	10	2	10	51:64	22
6. FC Wien	22	8	5	9	48:56	21
7. FAC	22	6	7	9	37:49	19
8. Sportklub	22	6	6	10	36:41	18
9. Wacker	22	6	6	10	49:65	18
10. Hakoah	22	5	7	10	31:46	17
11. Libertas	22	5	6	11	35:56	16
12. Donau	22	5	5	12	32:54	15

1934/35

1. Rapid	22	18	4	0	95:30	40
2. Admira	22	15	4	3	74:27	34
3. Vienna	22	11	5	6	36:25	27
4. Wacker	22	8	6	8	48:55	22
5. Libertas	22	6	8	8	43:45	20
6. Sportklub	22	8	4	10	33:40	20
7. FAC	22	7	6	9	41:53	20
8. Austria	22	8	2	12	36:48	18
9. FC Wien	22	4	9	9	33:44	17
10. Hakoah	22	6	5	11	37:60	17
11. WAC	22	5	6	11	36:57	16
12. Fav. AC	22	4	5	13	25:53	13

1935/36

1. Admira	22	17	3	2	77:36	37
2. Vienna	22	14	4	4	48:26	32
3. Rapid	22	12	2	8	57:39	26
4. FC Wien	22	9	8	5	52:45	26
5. Wacker	22	8	6	8	41:48	22
6. Sportklub	22	8	5	9	33:36	21
7. Austria	22	8	5	9	44:42	20
8. Fav. AC	22	9	1	12	35:57	19
9. FAC	22	6	4	12	44:52	16
10. Libertas	22	6	5	11	37:46	16
11. Hakoah	22	6	3	13	36:58	15
12. WAC	22	5	2	15	38:57	12

1936/37

1. Admira	22	14	7	1	77:20	35
2. Austria	22	16	3	3	56:22	35
3. Vienna	22	12	6	4	46:26	30
4. Wacker	22	11	2	9	46:41	24
5. Rapid	22	7	7	8	51:40	21
6. FAC	22	9	3	10	43:50	21
7. Sportklub	22	8	5	9	31:39	21
8. Fav. AC	22	10	1	11	29:56	21
9. FC Wien	22	7	6	9	29:40	20
10. Libertas	22	4	7	11	32:46	15
11. Sportkl. Post	22	5	5	12	25:44	15
12. Hakoah	22	1	4	17	19:60	6

1937/38

1. Rapid	18	14	2	2	59:19	30
2. Sportklub	18	9	5	4	43:29	23
3. Austria	18	8	5	5	35:29	21
4. Wacker	18	8	4	6	43:33	20
5. Vienna	18	6	7	5	41:30	19
6. Admira	18	6	7	5	37:34	19
7. FC Wien	18	7	3	8	40:41	17
8. FAC	18	5	4	9	32:32	14
9. Fav. AC	18	4	4	10	30:62	12
10. Simmering	18	2	1	15	29:80	5

GAULIGA OSTMARK bzw. DONAU-ALPENLAND

1938/39

1. Admira	18	12	4	2	62:20	28
2. Wacker	18	12	2	4	52:27	26
3. Rapid	18	11	3	4	60:29	25
4. Sportklub	18	10	4	4	50:28	24
5. Vienna	18	9	4	5	47:37	22
6. Austria	18	9	3	6	55:40	21
7. Amateure Fiat	18	6	3	9	47:50	15
8. Grazer SC	18	5	1	12	34:53	11
9. Amat. Steyr	18	2	0	16	22:75	4
10. Wacker-Wr. N.	18	2	0	16	17:87	4

1939/40

1. Rapid	14	9	2	3	50:24	20
2. Wacker	14	8	1	5	43:31	17
3. Sportklub	14	6	4	4	36:23	16
4. Vienna	14	7	2	5	36:35	16
5. Admira	14	6	3	5	33:36	15
6. Austria	14	6	0	8	37:42	12
7. FC Wien	14	4	1	9	24:43	9
8. Amateure Fiat	14	3	1	10	36:61	7

1940/41

1. Rapid	18	12	4	3	82:29	28
2. Wacker	18	10	4	4	60:33	24
3. Vienna	18	11	2	5	52:33	24
4. Austria	18	10	2	6	56:22	22
5. Admira	18	8	5	5	56:46	21
6. Sportklub	18	7	4	7	47:37	18
7. FC Wien	18	6	5	7	32:40	17
8. FAC	18	7	3	8	40:60	17
9. Grazer SC	18	4	1	13	26:62	9
10. LASK	18	0	0	18	17:106	0

1941/42

1. Vienna	16	11	3	2	52:26	25
2. FC Wien	16	8	5	3	45:23	21
3. Rapid	16	8	3	5	39:30	19
4. Austria	16	5	7	4	34:25	17
5. FAC	16	7	3	6	39:50	17
6. Wacker	16	7	2	7	42:39	16
7. Sportklub	16	6	3	7	43:38	15
8. Admira	16	5	3	8	43:40	13
9. Sportkl. Post	16	0	1	15	10:75	1

1942/43

1. Vienna	20	13	4	3	87:56	30
2. WAC	20	10	5	5	45:29	25
3. FAC	20	11	3	6	61:41	25
4. Sportklub	20	10	5	5	55:54	25
5. Austria	20	11	2	7	53:52	24
6. Rapid	20	10	2	8	65:53	22
7. FC Wien	20	7	4	9	48:49	18
8. Reichsb. SG	20	6	5	9	38:38	17
9. Wacker	20	5	7	8	32:40	17
10. Admira	20	6	4	10	38:42	16
11. Sturm Graz	20	0	1	19	21:99	1

1943/44

1. Vienna	16	13	1	2	76:27	27
2. FAC	16	9	4	3	43:33	22
3. WAC	16	7	2	7	35:37	16
4. FC Wien	16	6	4	6	30:34	16
5. Austria	16	8	0	8	35:41	16
6. Markersdorf	16	6	3	7	43:45	15
7. Rapid	16	5	3	8	37:42	13
8. Wacker	16	4	2	10	30:51	10
9. Sportklub	16	4	1	11	26:45	9

WIENER LIGA

1945/46

1. Rapid	22	16	3	3	99:24	35
2. Austria	22	15	4	3	102:33	34
3. Wacker	22	13	5	4	75:28	31
4. Sportklub	22	12	4	6	71:38	28
5. Vienna	22	12	3	7	82:41	27
6. FC Wien	22	10	5	7	52:46	25
7. FAC	22	8	4	10	56:62	20
8. WAC	22	8	4	10	37:49	20
9. Admira	22	7	5	10	45:61	19
10. Helfort	22	7	5	10	39:56	19
11. Oberlaa	22	1	2	19	22:97	4
12. Ostbahn XI	22	1	0	21	11:157	2

1946/47

1. Wacker	20	14	2	4	61:24	30
2. Rapid	20	13	2	5	60:36	28
3. Vienna	20	13	1	6	51:29	27
4. FC Wien	20	9	5	6	40:28	23
5. FAC	20	7	6	7	39:38	20
6. Admira	20	8	4	8	34:36	20
7. Austria	20	8	3	9	45:36	19
8. Sportklub	20	7	5	8	25:39	19
9. WAC	20	6	4	10	31:45	16
10. Hochstädt	20	5	3	12	29:51	13
11. Sportkl. Post	20	2	1	17	30:83	5

1947/48

1. Rapid	18	13	2	3	55:23	28
2. Wacker	18	13	1	4	60:19	27
3. Austria	18	9	4	5	74:36	22
4. Sportklub	18	9	3	6	36:29	21
5. FC Wien	18	9	3	6	33:28	21
6. Admira	18	7	5	6	26:36	19
7. Vienna	18	8	2	8	47:46	18
8. Oberlaa	18	4	2	12	20:57	10
9. FAC	18	3	3	12	21:47	9
10. WAC	18	2	1	15	17:68	5

1948/49

1. Austria	18	13	1	4	65:27	27
2. Rapid	18	11	3	4	61:29	25
3. Admira	18	11	2	5	69:33	24
4. Wacker	18	10	3	5	35:34	23
5. FC Wien	18	9	3	6	35:33	21
6. Vienna	18	8	3	7	44:32	19
7. Sportklub	18	8	3	7	44:32	19
8. FAC	18	6	2	10	37:46	14
9. Oberlaa	18	1	2	15	16:64	4
10. Hochstädt	18	1	2	15	14:79	4

STAATSLIGA A

1949/50

1. Austria	24	18	2	4	92:37	38
2. Rapid	24	16	4	4	87:43	36
3. Wacker	24	15	3	6	76:34	33
4. Vienna	24	14	5	5	60:45	33
5. Admira	24	16	0	8	70:48	32
6. FC Wien	24	14	4	6	64:45	32
7. Sportklub	24	12	4	8	55:45	28
8. FAC	24	9	2	13	46:50	20
9. Vorw. Steyr	24	9	2	13	47:65	20
10. Sturm Graz	24	7	4	13	50:58	18
11. Gloggnitz	24	4	3	17	49:104	11
12. Slovan	24	2	5	17	31:71	9
13. Oberlaa	24	0	2	22	23:105	2

1950/51

1. Rapid	24	20	3	1	133:40	43
2. Wacker	24	18	2	4	100:38	38
3. Austria	24	14	4	6	89:49	32
4. Sportklub	24	11	5	8	73:52	27
5. Vienna	24	10	6	8	56:58	26
6. FC Wien	24	10	5	9	45:50	25
7. Sturm Graz	24	8	7	9	48:74	23
8. Admira	24	8	5	11	66:50	21
9. FAC	24	7	6	11	53:72	20
10. LASK	24	7	5	12	25:62	19
11. Vorw. Steyr	24	7	2	15	34:64	16
12. Wr. Neustadt	24	6	3	15	45:74	15
13. Elektra	24	3	1	20	31:115	7

1951/52

1. Rapid	26	20	1	5	107:39	41
2. Austria	26	18	3	5	94:40	39
3. Vienna	26	14	4	8	71:51	32
4. Wacker	26	14	3	9	84:55	31
5. Admira	26	13	5	8	71:55	31
6. GAK	26	13	3	10	66:48	29
7. LASK	26	10	5	11	42:54	25
8. Sturm Graz	26	11	3	12	42:56	25
9. FAC	26	10	4	12	56:70	24
10. FC Wien	26	10	2	14	42:55	22
11. Simmering	26	9	4	13	40:58	22
12. Sportklub	26	7	3	16	34:69	17
13. Kapfenberg	26	6	1	19	31:66	13
14. Blau-Weiß	26	5	3	18	25:89	13

1952/53

1. Austria	26	21	3	2	106:38	45
2. Wacker	26	20	4	2	101:30	44
3. Rapid	26	18	3	5	94:48	39
4. Vienna	26	16	4	6	89:48	36
5. Admira	26	11	6	9	65:53	28
6. FAC	26	12	2	12	56:82	26
7. GAK	26	9	7	10	50:59	25
8. Simmering	26	9	4	13	41:52	22
9. Sturm Graz	26	7	8	11	44:59	22
10. LASK	26	8	3	15	51:59	19
11. FC Wien	26	6	7	13	38:61	19
12. Mödling	26	7	5	14	35:62	19
13. Grazer SC	26	6	4	16	45:90	16
14. SAK	26	1	2	23	33:107	4

1953/54

1. Rapid	26	18	5	3	96:43	41
2. Austria	26	16	6	4	73:43	38
3. Wacker	26	12	7	7	72:42	31
4. GAK	26	14	3	9	60:52	31
5. Vienna	26	13	4	9	74:44	30
6. Admira	26	12	6	8	55:46	30
7. Sportklub	26	11	7	8	61:59	29
8. LASK	26	10	7	9	51:42	27
9. Austria Sbg.	26	9	5	12	43:67	23
10. Simmering	26	7	8	11	41:43	22
11. FC Wien	26	8	5	13	40:62	21
12. WAC	26	9	0	17	42:69	18
13. Sturm Graz	26	6	4	16	48:69	16
14. FAC	26	2	3	21	33:108	7

1954/55

1. Vienna	26	17	5	4	64:26	39
2. Sportklub	26	17	5	4	75:40	39
3. Rapid	26	14	8	4	87:47	36
4. Wacker	26	16	2	8	86:53	34
5. Austria	26	13	7	6	68:49	33
6. Admira	26	10	7	9	54:51	27
7. Kapfenberg	26	11	5	10	55:57	27
8. GAK	26	8	9	9	45:47	25
9. Austria Sbg.	26	7	8	11	43:55	22
10. Simmering	26	10	1	15	57:55	21
11. Stadlau	26	7	6	13	29:48	20
12. FC Wien	26	6	5	15	39:77	17
13. LASK	26	7	2	17	45:62	16
14. SW Bregenz	26	2	3	21	13:93	7

1955/56

1. Rapid	26	20	3	3	93:37	43
2. Wacker	26	19	3	4	85:33	41
3. Vienna	26	18	4	4	96:41	40
4. Austria Wien	26	16	3	7	78:47	35
5. Wr. Sportklub	26	12	5	9	50:51	29
6. Simmering	26	10	8	8	68:61	28
7. GAK	26	11	5	10	59:63	27
8. Austria Sbg.	26	9	5	12	50:65	23
9. Admira	26	7	4	15	54:61	18
10. Sturm Graz	26	5	8	13	43:68	18
11. Kapfenberg	26	7	3	16	39:67	17
12. Stadlau	26	5	5	16	43:74	15
13. FC Wien	26	5	5	16	31:68	15
14. Austria Graz	26	7	1	18	25:78	15

1956/57

1. Rapid	26	19	2	5	100:43	40
2. Vienna	26	17	5	4	71:32	39
3. Austria Wien	26	18	2	6	68:41	38
4. Wacker	26	14	7	5	82:37	35
5. Simmering	26	11	9	6	67:60	31
6. GAK	26	12	2	12	47:55	26
7. Kapfenberg	26	11	3	12	56:74	25
8. Admira	26	9	4	13	52:57	22
9. Kremser SC	26	9	4	13	53:79	22
10. Wr. Sportklub	26	9	3	14	50:46	21
11. WAC	26	8	5	13	58:62	21
12. Sturm Graz	26	9	3	14	48:66	21
13. Austria Sbg.	26	6	3	17	55:83	15
14. Stadlau	26	2	4	20	26:98	8

1957/58

1. Wr. Sportklub	26	20	5	1	100:35	45
2. Rapid	26	20	3	3	93:39	43
3. Vienna	26	12	6	8	57:39	30
4. Wacker	26	10	8	8	54:39	28
5. GAK	26	10	7	9	63:46	27
6. WAC	26	10	6	10	57:51	26
7. Kapfenberg	26	10	6	10	42:62	26
8. Austria	26	11	3	12	63:52	25
9. Simmering	26	10	2	14	52:65	22
10. Admira	26	8	6	12	53:76	22
11. ÖMV Olympia	26	7	7	12	34:53	21
12. Kremser SC	26	8	4	14	39:67	20
13. Sturm Graz	26	7	3	16	42:81	17
14. FC Wien	26	3	6	17	26:70	12

1958/59

1. Wr. Sportklub	26	20	6	0	104:35	46
2. Rapid	26	21	2	3	102:29	44
3. Vienna	26	13	6	7	63:41	32
4. Austria	26	12	7	7	63:47	31
5. WAC	26	12	6	8	56:45	30
6. Simmering	26	10	6	10	63:58	26
7. GAK	26	11	3	12	46:61	25
8. Wacker	26	10	3	13	57:61	23
9. Kremser SC	26	8	6	12	49:51	22
10. Donawitz	26	9	3	14	63:91	21
11. LASK	26	9	3	14	46:68	21
12. Admira	26	8	3	15	55:63	19
13. Kapfenberg	26	5	6	15	32:68	16
14. ÖMV Olympia	26	2	4	20	25:106	8

1959/60

1. Rapid	26	18	6	2	87:32	42
2. Sportklub	26	17	4	5	71:35	38
3. WAC	26	17	4	5	74:43	38
4. Vienna	26	17	4	5	81:50	38
5. Austria Wien	26	12	6	8	67:49	30
6. Simmering	26	11	6	9	51:49	28
7. LASK	26	9	8	9	54:57	26
8. Wacker	26	7	6	13	47:57	20
9. Wr. Neustadt	26	6	8	12	49:79	20
10. Grazer AK	26	7	5	14	45:55	19
11. Austria Sbg.	26	5	9	12	42:67	19
12. Kremser SC	26	6	6	14	44:65	18
13. Donawitz	26	7	3	16	39:73	17
14. Admira E.	26	3	5	18	31:71	11

1960/61

1. Austria Wien	26	17	5	4	68:31	39
2. Vienna	26	13	6	7	63:41	32
3. WAC	26	13	6	7	60:41	32
4. Sportklub	26	13	6	7	71:52	32
5. Grazer AK	26	11	8	7	53:37	30
6. Rapid	26	13	4	9	49:42	30
7. LASK	26	11	6	9	56:50	28
8. Wr. Neustadt	26	10	5	11	58:67	25
9. SVS Linz	26	9	6	11	53:58	24
10. Simmering	26	7	7	12	42:52	21
11. Schwechat	26	8	5	13	37:49	21
12. Austria Sbg.	26	8	4	14	45:54	20
13. Wacker	26	6	8	12	39:56	20
14. FC Dornbirn	26	3	4	19	37:101	10

1961/62

1. Austria Wien	26	19	4	3	65:23	42
2. LASK	26	16	6	4	69:40	38
3. Admira E.	26	16	4	6	56:34	36
4. Sportklub	26	12	8	6	58:39	32
5. Rapid	26	12	7	7	58:32	31
6. WAC	26	11	5	10	47:37	27
7. Grazer AK	26	10	7	9	43:42	27
8. SVS Linz	26	10	6	10	47:50	26
9. Simmering	26	7	10	9	37:62	24
10. Schwechat	26	9	5	12	50:68	23
11. Vienna	26	8	5	13	44:44	21
12. Kapfenberg	26	5	6	15	29:53	16
13. Wr. Neustadt	26	4	5	17	30:57	13
14. SAK	26	1	6	19	27:79	8

1962/63

1. Austria Wien	26	17	4	5	60:26	38
2. Admira E.	26	15	4	7	46:23	34
3. Sportklub	26	14	5	7	56:38	33
4. Rapid	26	14	4	8	52:28	32
5. LASK	26	14	1	11	39:38	29
6. Schwechat	26	11	4	11	49:44	26
7. WAC	26	11	4	11	37:46	26
8. Vienna	26	9	7	10	44:39	25
9. Grazer AK	26	9	5	12	31:41	23
10. Simmering	26	7	7	12	34:46	21
11. SVS Linz	26	8	4	14	34:50	20
12. Austria Sbg.	26	9	1	16	31:59	19
13. Wacker	26	7	5	14	38:53	19
14. Austria Klgft.	26	7	3	16	26:49	17

Wacker wegen Verschulden eines Spielabbruches bei Punktegleichheit schlechter klassiert.

1963/64

1. Rapid	26	19	5	2	69:27	43
2. Austria Wien	26	17	3	6	61:36	37
3. LASK	26	15	3	8	46:36	33
4. Schwechat	26	13	5	8	51:41	31
5. Sportklub	26	13	5	8	48:53	31
6. Grazer AK	26	11	5	10	49:42	27
7. Admira E.	26	11	5	10	52:49	27
8. Vienna	26	8	8	10	38:33	24
9. WAC	26	7	10	9	33:38	24
10. Wr. Neustadt	26	8	6	12	33:47	22
11. Kapfenberg	26	8	2	16	38:56	18
12. SVS Linz	26	5	7	14	42:56	17
13. Simmering	26	8	1	17	46:64	17
14. Dornbirn	26	4	5	17	31:59	13

1964/65

1. LASK	26	14	8	4	49:29	36
2. Rapid	26	14	7	5	42:21	35
3. Admira E.	26	14	7	5	52:28	35
4. Sportklub	26	15	3	8	54:36	33
5. Vienna	26	12	6	8	51:36	30
6. Schwechat	26	10	9	7	27:28	29
7. Austria Wien	26	9	10	7	29:28	28
8. W. Innsbruck	26	8	10	8	29:23	26
9. Wr. Neustadt	26	8	7	11	31:32	23
10. Grazer AK	26	6	8	12	28:48	20
11. Kapfenberg	26	5	10	11	25:45	20
12. Sturm Graz	26	7	5	14	29:40	19
13. WAC	26	5	5	16	31:54	15
14. Wacker Wien	26	4	7	15	27:56	15

NATIONALLIGA

1965/66

1. Admira E.	26	18	7	1	51:17	43
2. Rapid	26	16	8	2	64:22	40
3. Austria Wien	26	16	3	7	58:27	35
4. Sportklub	26	11	8	7	57:33	30
5. Austria Klgft.	26	11	7	8	39:33	29
6. Vienna	26	11	7	8	53:49	29
7. LASK	26	10	7	9	45:37	27
8. W. Innsbruck	26	8	9	9	32:31	25
9. Schwechat	26	9	5	12	40:42	23
10. Grazer AK	26	7	9	10	35:46	23
11. Kapfenberg	26	5	10	11	26:51	20
12. Wr. Neustadt	26	7	5	14	30:60	19
13. Austria Sbg.	26	3	6	17	26:66	12
14. Simmering	26	3	3	20	26:68	9

1966/67

1. Rapid	26	20	1	5	72:29	41
2. W. Innsbruck	26	18	5	3	58:24	41
3. Austria Wien	26	14	7	5	43:23	35
4. LASK	26	12	7	7	39:25	31
5. Sportklub	26	12	6	8	60:36	30
6. SW Bregenz	26	12	3	11	26:34	27
7. Admira E.	26	10	6	10	36:25	26
8. Vienna	26	11	4	11	42:49	26
9. Grazer AK	26	8	7	11	27:44	23
10. Austria Klgft.	26	8	6	12	21:32	22
11. Sturm Graz	26	7	4	15	32:47	18
12. Wacker Wien	26	7	4	15	28:50	18
13. Wr. Neustadt	26	6	3	17	21:44	15
14. Kapfenberg	26	2	7	17	17:59	11

1967/68

1. Rapid	26	21	2	3	75:24	44
2. W. Innsbruck	26	15	7	4	45:27	37
3. Austria Wien	26	15	5	6	46:24	35
4. Sportklub	26	11	9	6	41:30	31
5. Austria Klgft.	26	11	7	8	31:36	29
6. Grazer AK	26	11	5	10	35:37	27
7. Sturm Graz	26	9	7	10	38:47	25
8. LASK	26	8	7	11	40:37	23
9. Admira E.	26	5	11	10	41:47	21
10. Eisenstadt	26	8	5	13	26:33	21
11. SW Bregenz	26	8	5	13	27:41	21
12. Austria Sbg.	26	7	6	13	34:43	20
13. Vienna	26	7	1	18	27:50	15
14. Radenthein	26	5	5	16	30:60	15

1968/69

1. Austria Wien	28	19	8	1	80:35	46
2. Sportklub	28	13	12	3	62:21	38
3. Rapid	28	15	5	8	64:34	35
4. LASK	28	12	7	9	38:33	31
5. Sturm Graz	28	12	7	9	33:29	31
6. Austria Sbg.	28	10	10	8	41:28	30
7. W. Innsbruck	28	12	5	11	46:43	29
8. Admira E.	28	11	6	11	43:45	28
9. Austria Klgft.	28	10	8	10	38:41	28
10. Grazer AK	28	10	6	12	37:54	26
11. Wacker Wien	28	9	6	13	39:51	24
12. Wattens	28	7	8	13	32:55	22
13. Eisenstadt	28	6	9	13	33:42	21
14. SW Bregenz	28	8	5	15	30:49	21
15. Donawitz	28	3	4	21	26:82	10

1969/70

1. Austria Wien	30	19	7	4	63:31	45
2. Sportklub	30	16	6	8	63:34	38
3. Sturm Graz	30	14	8	8	43:34	36
4. LASK	30	13	8	9	41:27	34
5. W. Innsbruck	30	14	5	11	52:38	33
6. Rapid	30	12	7	11	52:35	31
7. Wattens	30	12	7	11	45:35	31
8. Austria Sbg.	30	12	7	11	45:38	31
9. Vienna	30	8	14	8	35:43	30
10. Admira E.	30	11	6	13	38:45	28
11. Wacker Wien	30	11	6	13	55:69	28
12. VÖEST Linz	30	11	6	13	31:48	28
13. Grazer AK	30	8	11	11	37:35	27
14. Eisenstadt	30	7	8	15	40:63	22
15. Austria Klgft.	30	5	11	14	26:51	21
16. Dornbirn	30	4	9	17	23:63	17

1970/71

1. W. Innsbruck	30	20	4	6	68:30	44
2. Austria Sbg.	30	18	7	5	64:33	43
3. Rapid	30	16	9	5	65:36	41
4. Vienna	30	14	9	7	55:39	37
5. LASK	30	15	6	9	53:44	36
6. VÖEST Linz	30	13	10	7	44:38	36
7. Admira E.	30	14	4	12	55:57	32
8. Wattens	30	12	7	11	50:45	31
9. Sportklub	30	10	9	11	54:40	29
10. Austria Wien	30	10	9	11	43:45	29
11. Grazer AK	30	12	4	14	36:54	28
12. Sturm Graz	30	10	4	16	35:42	24
13. Simmering	30	8	7	15	31:55	23
14. SW Bregenz	30	7	5	18	31:60	19
15. Wacker Wien	30	5	6	19	43:59	16
16. Radenthein	30	4	4	22	31:81	12

1971/72

1. Innsbruck	28	15	9	4	49:20	39
2. Austria Wien	28	17	4	7	49:34	38
3. VÖEST Linz	28	15	5	8	52:26	35
4. Austria Sbg.	28	12	11	5	47:29	35
5. Rapid	28	12	9	7	39:23	33
6. Alp. Donawitz	28	10	10	8	31:28	30
7. Sturm Graz	28	13	4	11	37:39	30
8. GAK	28	9	10	9	32:42	28
9. Vienna	28	9	7	12	30:31	25
10. Sportklub	28	10	5	13	27:43	25
11. Eisenstadt	28	9	6	13	29:30	24
12. LASK	28	8	8	12	37:39	24
13. Admira-Wacker	28	6	12	10	31:39	24
14. Simmering	28	8	6	14	23:48	22
15. Bischofshofen	28	1	6	21	22:64	8

1972/73

1. Innsbruck	30	18	7	5	57:25	43
2. Rapid	30	16	8	6	50:31	40
3. GAK	30	13	10	7	44:26	36
4. Admira-Wacker	30	14	8	8	37:30	36
5. VÖEST Linz	30	14	7	9	53:32	35
6. LASK	30	11	12	7	45:35	34
7. Austria Sbg.	30	13	6	11	40:37	32
8. Wr. Sportklub	30	11	9	10	39:40	31
9. DSV Alpine	30	10	9	11	36:52	29
10. Austria Wien	30	11	5	14	53:43	27
11. Vienna	30	10	7	13	40:50	27
12. Klagenfurt	30	11	4	15	32:47	26
13. Eisenstadt	30	10	5	15	37:41	25
14. Sturm Graz	30	8	9	13	29:38	25
15. Bregenz	30	9	4	17	36:54	22
16. Wr. Neustadt	30	3	6	21	23:70	12

1973/74

1. VÖEST Linz	32	18	11	3	51:28	47
2. Innsbruck	32	19	8	5	57:21	46
3. Rapid	32	18	9	5	74:33	45
4. Austria WAC	32	16	7	9	59:37	39
5. Sturm Graz	32	14	6	12	28:35	34
6. DSV Alpine	32	13	7	12	51:48	33
7. Admira-Wacker	32	11	9	12	50:48	31
8. Salzburg	32	10	11	11	35:35	31
9. LASK	32	11	8	13	38:48	30
10. Wr. Sportklub	32	10	9	13	43:60	29
11. Simmering	32	10	8	14	49:47	28
12. GAK	32	9	10	13	31:41	28
13. Eisenstadt	32	11	6	15	36:52	28
14. Austria Klgft.	32	8	11	13	33:44	27
15. Radenthein	32	6	14	12	33:40	26
16. Vienna	32	8	8	16	38:54	24
17. Vorarlberg	32	5	8	19	31:66	18

BUNDESLIGA

1974/75

1. Innsbruck	36	24	3	9	76:36	51
2. VÖEST Linz	36	16	10	10	51:33	42
3. Rapid	36	16	9	11	57:41	41
4. Austria WAC	36	14	9	13	59:52	37
5. Sturm Graz	36	13	10	13	46:45	36
6. LASK	36	12	10	14	50:55	34
7. Austria Sbg.	36	12	9	15	41:54	33
8. Admira-Wacker	36	11	9	16	46:55	31
9. Austria Klgft.	36	11	6	19	32:57	28
10. Eisenstadt	36	8	11	17	35:65	27

1975/76

1. Austria WAC	36	21	10	5	77:29	52
2. Innsbruck	36	18	9	9	68:38	45
3. Rapid	36	17	6	13	55:50	40
4. Austria Sbg.	36	14	11	11	47:48	39
5. Admira-Wacker	36	13	10	13	51:54	36
6. VÖEST Linz	36	13	9	14	44:44	35
7. LASK	36	10	11	15	46:55	31
8. Sturm Graz	36	11	8	17	38:51	30
9. GAK	36	9	11	16	39:60	29
10. Austria Klgft.	36	6	11	19	30:66	23

1976/77

1. Innsbruck	36	21	11	4	51:22	53
2. Rapid	36	18	11	7	72:39	47
3. Austria WAC	36	19	7	10	72:44	45
4. LASK	36	12	11	13	47:48	35
5. VÖEST Linz	36	10	14	12	46:47	34
6. Admira-Wacker	36	11	12	13	43:52	34
7. Vienna	36	9	13	14	34:40	31
8. GAK	36	9	12	15	34:62	30
9. Sturm Graz	36	9	10	17	40:55	28
10. Salzburg	36	9	5	22	34:64	23

1977/78

1. Austria	36	23	10	3	77:34	56
2. Rapid	36	16	10	10	76:43	42
3. Innsbruck	36	15	9	12	49:34	39
4. Sturm Graz	36	13	12	11	51:54	38
5. VÖEST Linz	36	10	13	13	45:49	33
6. GAK	36	10	13	13	44:49	33
7. Vienna	36	12	8	16	34:54	32
8. Sportklub Post	36	8	15	13	47:61	31
9. Admira-Wacker	36	8	12	16	45:67	28
10. LASK	36	9	10	17	35:58	28

JO HUBER

AUSTRIA

Das neue Austria-Buch
Neuauflage 1978
133 Seiten, 150 Bilder
Leinen

Die Geschichte der »Violetten« wurde geschrieben für Austria-Anhänger. Aber auch für solche, die es einmal waren oder sein werden. Eigentlich aber für alle Freunde des Fußballsports.

GÜNTHER ALLINGER

RAPID

Das neue Rapid-Buch
Neuauflage 1978
138 Seiten, 78 Abbildungen
Leinen

Ja wenn man so in der Vereinsgeschichte blättert, wie dieser Günther Allinger mit spitzer Feder und einer gesunden Portion Humor es tut, da kommt manches zutage, was sich so hinter den Kulissen eines großen Vereins abspielt. Da werden vor allem Erinnerungen wach an unvergeßliche Fußballschlachten, an große Spielerpersönlichkeiten, an die legendäre Rapid-Viertelstunde, an ein Stück österreichischer Fußballgeschichte.